AF474709

ESSAI
SUR
L'HISTOIRE
DE LA
SOCIÉTÉ CIVILE.

TOME SECOND.

ESSAI
SUR
L'HISTOIRE
DE LA
SOCIÉTÉ CIVILE;

Par M. ADAM FERGUSON, Professeur de Philosophie Morale à l'Université d'Edimbourg.

OUVRAGE TRADUIT DE L'ANGLOIS,

PAR M. BERGIER.

TOME SECOND.

A PARIS,
Chez la Veuve DESAINT, Libraire, rue du Foin Saint-Jacques.

M. DCC. LXXXIII.

Avec Approbation & Privilege du Roi.

[BIBLIOTHÈQUE] ROYALE

TABLE DES CHAPITRES

Contenus dans le Tome second.

SUITE DE LA TROISIÉME PARTIE.

CINQUIÉME PARTIE.

Du déclin des Nations.

SIXIÉME PARTIE.

De la Corruption & de l'Eſclavage politique.

ESSAI

ESSAI
SUR
L'HISTOIRE
DE LA
SOCIÉTÉ CIVILE.

Suite de la troisieme Partie.

CHAPITRE III.

Des objets nationaux en général, & des établissemens & des mœurs qui y ont rapport.

SI le mode de subordination est accidentel ; si les formes de gouvernement dépendent principalement de la maniere dont les membres de l'état furent classés dans l'origine, & d'une infinité de circonstances qui procurent à certains ordres d'hommes de l'autorité dans leurs pays; il y a aussi des objets qui attirent l'attention de tout gouvernement, qui guident les idées & les raisonnemens du public dans toutes les sociétés, & qui non-seulement fournissent de l'occupation aux hommes d'état, mais qui dirigent la communauté entiere dans les institutions, en vertu desquelles le magistrat exerce son autorité. Telles sont la défense nationale, l'administration de la justice, la conservation & la prospérité intérieure de l'état. Si on négligeoit ces objets, il y a lieu de croire que l'on verroit bientôt disparoître ce théâtre même où des partis opposés se disputent pour des priviléges, pour l'autorité ou pour l'égalité, & que la société elle-même ne pourroit longtemps subsister.

Dans les assemblées publiques on entendra réclamer sans cesse la considération que méritent ces objets, & dans toutes les contestations politiques, ce puissant intérêt occasionnera des appels à l'opinion générale, au sens commun, qui, en luttant contre les vues particulieres des individus & les prétentions des partis, peut être regardé comme le grand législateur des nations.

Les mesures nécessaires pour obtenir la plupart des objets nationaux, sont liées ensemble : elles demandent à être suivies conjointement : souvent elles sont les mêmes. Les forces préparées pour défendre l'état contre les ennemis du dehors, peuvent aussi servir à maintenir l'ordre & la tranquillité au-dedans : les loix faites pour assurer les droits & les libertés du peuple, peuvent être en même temps des encouragemens au commerce & à la population : toute communauté, sans examiner comment les spéculateurs distinguent ou classent ces objets, est forcée, dans tous les cas, de prendre ou de garder la forme la plus propre à conserver les avantages & à détourner les malheurs qui lui sont particuliers.

Les nations, de même que les particuliers, ont quelque point de vue favori & certains objets de prédilection auxquels elles s'attachent principalement, & qui mettent de la diversité dans leurs mœurs, aussi-bien que dans leurs institutions. Elles tendent au même but par des voies différentes ; & semblables encore à des hommes qui ont fait leur fortune dans différentes professions, elles conservent les habitudes de leur occupation principale, dans quelque degré d'élévation auquel elles puissent parvenir. Les Romains s'enrichirent en faisant des conquêtes, & tandis que leur penchant pour la guerre sembloit menacer la terre de dépopulation, il est vraisemblable que, pendant un certain période, ils opérerent l'augmentation de l'espece. C'est par le commerce que certaines nations modernes travaillent à leur agrandissement, & avec le dessein d'accumuler seulement les richesses dans leur intérieur, il arrive qu'insensiblement elles gagnent un ascendant prépondérant au dehors.

Le caractère des peuples belliqueux & des peuples commerçans, est combiné diversement : il est formé dans ses différentes nuances, par l'influence de circonstances qui occasionnent des guerres plus ou moins fréquentes, & font naître le desir des conquêtes ; de circonstances qui laissent un peuple en paix, & lui donnent le loisir de perfectionner ses ressources domestiques, ou d'acheter de l'étranger, avec les produits de son industrie, les choses que son sol & son climat lui refusent.

Les membres d'une communauté s'occupent plus ou moins des affaires de l'état, selon que la constitution leur donne plus ou moins de part au gouvernement, & tourne leur attention du côté des objets publics. Les talens d'un peuple sont cultivés ou négligés à proportion que ces talens trouvent de l'emploi dans la pratique des arts & dans les affaires de la société : ses mœurs sont épurées ou corrompues, selon qu'il est encouragé ou forcé à agir d'après des maximes de justice & de liberté, ou, selon qu'il est dégradé par la servitude & l'avilissement. Mais quelque soit le partage des nations à ces divers égards; quelques avantages qu'elles possedent; de quelques inconvéniens qu'elles soient exemptes, tout, en ce genre, est regardé comme le pur effet du hasard : rarement ces considérations importantes sont-elles admises au nombre des objets de police générale, & comptées parmi les raisons d'état.

C'est s'exposer au ridicule, que d'exiger que les établissemens politiques soient uniquement combinés dans la vue de cultiver les talens des individus, & de leur inspirer des sentimens honnêtes : il faut au commun des hommes quelque motif d'intérêt, & la perſpective de quelque avantage extérieur pour exciter ſon activité, & diriger ſes entrepriſes. On ne ſe ſoucie d'être brave, induſtrieux, éloquent que pour le beſoin ſeulement, ou pour en tirer du profit : on exalte l'utilité de la richeſſe, de la population & des autres reſſources qui ont rapport à la guerre ; comme ſi ces reſſources étoient bien déciſives par elles-mêmes, à moins qu'elles ne trouvent des mains habiles pour les diriger, & qu'elles ne ſoient ſoutenues par un caractere de vigueur dans la nation. Attendons-nous donc à voir par-tout la police particuliere des états, prendre ſa direction d'après les motifs du ſalut public, de la liberté des perſonnes, de la ſûreté des propriétés ; rarement d'après des conſidérations relatives à ſes effets moraux ou à ſes conſéquences ſur le génie de l'eſpece humaine.

CHAPITRE IV.

De la population & de la richesse.

LORSQU'ON se représente la consternation des Romains, au moment où l'on vint leur annoncer que l'élite de l'état avoit péri à Cannes ; lorsqu'on se figure ce que l'orateur avoit dans l'esprit, quand il dit que « la » jeunesse est au milieu d'un peuple, » ce qu'est le printemps entre les saisons » ; lorsqu'on nous raconte avec quelle joie, dans l'Amérique ; on adopte le chasseur & le guerrier pour soutenir l'honneur des familles & de la nation ; nous sommes disposés à concevoir la plus haute idée de la conservation & de la multiplication de nos concitoyens. L'intérêt, l'affection, les vues de la politique, tout se réunit pour attacher à cet objet la plus grande importance. Il ne peut être indifférent qu'au tyran qui méconnoît son propre intérêt, à des ministres qui se jouent des charges confiées à leurs soins, ou bien à un peuple assez corrompu pour que le citoyen ne voie dans ses semblables que des rivaux en matiere de lucre & des concurrens par rapport aux moyens de fortune.

Dans les sociétés grossieres en général, & dans les petites communautés qui sont exposées à des assauts & des traverses fréquentes, la conservation & l'augmentation de leurs membres, sont le mobile le plus puissant. Ce n'est pas pour être resté maître du champ de bataille, ou pour avoir été délogé du lieu où l'action s'est engagée, qu'un peuple de l'Amérique se croit victorieux ou vaincu; c'est le nombre des hommes qu'il a perdus ou des prisonniers qu'il a faits, qui constitue à ses yeux la victoire ou la défaite. Un homme qu'il peut associer à toutes ses entreprises, dont il peut faire son ami, en qui il trouve un objet pour ses affections, & un secours dans les circonstances fâcheuses, est pour lui l'acquisition la plus précieuse qu'il puisse faire.

Même lorsque le motif de l'amitié entre les particuliers n'a point lieu, la société ayant pour but principal de former un parti qui soit en état de se défendre & d'incommoder ses ennemis, le plus grand intérêt qu'elle puisse avoir est de s'accroître du côté du nombre. Des prisonniers que l'on peut adopter, des enfans de l'un & l'autre sexe qu'on peut élever pour le service public, sont donc regardés comme le plus riche butin que l'on puisse faire sur l'ennemi. L'usage des Romains d'admettre les vaincus à partager les privileges de leur bourgeoisie, l'enlévement des Sabines, l'incorporation subséquente du peuple entier de Sabinum, ne furent point des faits nouveaux & inconnus dans l'histoire des hommes. La même pratique dût être suivie, & se présenta d'elle-même, comme le moyen le plus naturel, par-tout où la force de l'état résidoit dans les bras d'un petit nombre d'hommes, par-tout où les hommes furent estimés pour eux-mêmes, indépendamment de l'état & de la fortune.

Ainsi, dans les âges grossiers, où l'espece subsiste en petites divisions; si la terre est médiocrement peuplée, il paroît que ce n'est pas à l'indifférence des états pour la population qu'il faut s'en prendre. Il est même probable qu'un des meilleurs moyens pour augmenter le nombre des hommes, seroit de prévenir & empêcher la réunion des nations & de tenir l'espece dans la nécessité d'agir en petits corps, de maniere qu'ils n'ayent pas de plus grand intérêt que celui de conserver leurs membres. Il est vrai que cette précaution toute seule ne seroit pas suffisante: il faudroit, sans doute, y joindre la facilité des subsistances qui naît de la culture des arts, & les encouragemens que trouvent les hommes sous une police favorable.

Une mere est peu disposée à faire des enfans, & peu propre à les élever, lorsqu'elle ne peut qu'avec une peine extrême se procurer sa nourriture. On assure que dans le nord de l'Amérique où cet inconvénient se joint à un temperament naturellement froid & modéré, les femmes s'imposent elles-mêmes des privations sur ce point, & se refusent au voeu de la nature. Selon elles, la prudence, la conscience même exigent qu'une mere amene un premier enfant au point de se nourrir de gibier, & de pouvoir suivre à pied, à travers les forêts, avant qu'elle s'expose à se donner un nouveau fardeau.

Dans les pays plus chauds, peut-être un tempérament différent qui résulte du climat, & plus de facilité à se procurer les subsistances, operent la multiplication de l'espece, tandis qu'on ne s'occupe aucunement de cet objet en lui-même; & que le commerce des sexes n'a aucun rapport à la population, & n'est qu'une affaire de libertinage. On assure même que, dans quelques endroits, il existe une police barbare qui s'étudie à tromper ou à restreindre les intentions de la nature. A l'île de Formose, il n'est pas permis aux mâles de se marier avant l'âge de quarante ans; & toute femme qui devient enceinte avant l'âge de trente-six ans, est condamnée par le magistrat à l'avortement, moyen violent qui met en danger la vie de la mère avec celle de l'enfant (*a*).

A la Chine, la permission d'exposer ou faire périr les enfans, fut sans doute accordée, comme un soulagement pour les peres & meres surchargés par une famille trop nombreuse. Mais quelque chose qu'on nous dise d'un usage si opposé à la sensibilité naturelle, il est vraisemblable qu'il n'a pas, à l'égard de la population, les effets dont il semble menacer; & qu'il en est comme de

(*a*) Collection de voyages des Hollandois.

tant d'autres institutions qui ont une influence contraire à celle qu'elles paroissent annoncer. On se marie avec la perspective de cette ressource, & la tendresse sauve les enfans.

Quelle que soit l'importance que l'on attache universellement à la population, il seroit néanmoins fort difficile de trouver dans l'histoire de la police civile aucune institution sage & efficace, faite uniquement dans la vue de la favoriser. La pratique des nations grossieres & foibles, est insuffisante, & ne peut triompher des obstacles qui résultent de leur genre de vie. Les développemens de l'industrie, les efforts des hommes pour perfectionner leurs arts, étendre leur commerce, établir leurs droits & assurer leurs possessions, sont, sans contredit, les moyens les plus sûrs pour encourager la population : mais ces moyens ont été imaginés par d'autres motifs, par l'intérêt personnel, & en vue de la sûreté des individus. Ils ont pour but l'avantage de ceux qui sont nés, & non l'augmentation du nombre de ceux qui sont à naître.

Il est bon de remarquer en même temps que par-tout la population croît à proportion que le peuple jouit d'un gouvernement favorable, & qu'il réussit du côté de l'industrie: la plupart des autres expédiens imaginés dans cette vue, ne servent qu'à tromper l'attente qu'ils donnent, & à produire de fâcheuses méprises.

S'agit-il de fonder une colonie, ou de réparer le désastre d'une guerre ou d'une contagion, c'est alors que les talens d'un ministre peuvent être d'une utilité immédiate; mais à l'égard de la population, si on ne lui donne pour base la liberté & le bonheur des individus, tous les raisonnemens, toutes les spéculations, tous les encouragemens seront vains & infructueux. Ce sera bâtir sur le sable, ce sera laisser la réalité pour s'attacher à poursuivre l'ombre; & dans un état en décadence, il ne résultera delà que des palliatifs qui laisseront subsister les germes du mal. A Rome, Octave fit revivre les loix relatives à la population : mais on peut dire de lui la même chose que de bien des souverains en pareil cas ; qu'ils administrent le poison avant que d'avoir trouvé le remede ; & qu'ils répandent l'engourdissement & la paralysie sur les principes de la vie, tandis que par des topiques, ils cherchent à réparer le sang dans un corps vicié & dégradé.

C'est assurément un grand bonheur pour l'espece que ce point capital ne dépende pas toujours de la sagesse des souverains, ni de l'habileté de quelques particuliers. Un peuple attentif à sa liberté parvient à se faire un sort qui le met en état de suivre le penchant de la nature, avec des effets plus signalés que ne pourroient les produire toutes les ressources des conseils de l'état. Lorsque les souverains ou les spéculateurs sont censés être les maîtres en cette partie, tout ce qu'ils peuvent faire de mieux eſt de bien prendre garde de porter atteinte à un objet ſur lequel ils ne peuvent preſque rien, & d'ouvrir des brêches qu'il ne ſeroit pas en leur pouvoir de refermer.

« Dans le temps que les nations » étoient partagées en petites répu- » bliques, bornées à un territoire de » peu d'étendue, où chaque homme » avoit ſa maiſon & ſon champ en » propriété, & que chaque province » avoit ſa capitale libre & indépen- » dante; combien une pareille ſitua- » tion étoit heureuſe pour l'eſpece » humaine, dit M. Hume; combien » elle étoit favorable à la popula- » tion! » Il eſt cependant vraiſemblable qu'il n'y avoit point là de ſyſtêmes inventés par les adminiſtrateurs pour punir le célibat, pour récompenſer les mariages; pour engager les étrangers à ſe fixer, & empêcher les émigrations des naturels. Tout citoyen ayant une poſſeſſion aſſurée, tranquille ſur ſon ſort & ſur celui de ſes héritiers, il n'étoit point découragé par les sombres craintes de l'oppression & du besoin : où toutes les fonctions naturelles étoient libres, celle qui produit les hommes ne pouvoit être gênée. La nature crie à l'homme puissant d'être juste ; voilà ce qu'elle exige de lui : mais elle ne s'est point reposée sur ses plans chimériques du soin de conserver ses ouvrages. Que pourroit ajouter l'autorité aux feux de la jeunesse ? ne la forcez pas à les étouffer, c'est tout ce qu'il faut, l'effet est infaillible. Mais lorsque d'une main, on écrase, on dégrade l'humaniré, c'est en vain, comme fit Octave, que de l'autre on lui présente de quoi effrayer la stérilité, & attirer au lien conjugal. C'est en vain que vous invitez les étrangers à se fixer chez vous, si les habitans que vous possédez, n'ont qu'un état incertain & précaire ; s'ils tremblent non-seulement pour une famille nombreuse, mais pour eux-mêmes, dans la perspective d'une subsistance pénible & douteuse. Le ſouverain arbitraire qui a réduit ſes ſujets à cette déplorable condition, ne doit ce qui lui en reſte, qu'à l'inſtinct inſurmontable de la nature, & non aux expédiens qu'il emploie.

Les hommes multiplient par-tout où leur ſituation a de quoi tenter; en peu de générations, la population s'éleve au niveau des moyens de ſubſiſtance. L'accroiſſement ſe ſoutient même au milieu des circonſtances qui préſagent une décadence. Les guerres continuelles des Romains & de pluſieurs autres nations bien conſtituées, les dégâts même de la peſte, le commerce des eſclaves, tous ces vuides ſe rempliſſent, ſi l'on ne tarit point la ſource, ſi les ſaignées ſe font réguliérement, ſi les recrues s'écoulent ſans déranger les familles qui les produiſent. Dans un pays où regne l'abondance, la politique qui, en retenant les naturels, en préſentant quelque amorce aux étrangers, en donnant des prix aux gens mariés, pense avoir augmenté le nombre des habitans, ressemble souvent à la mouche de la fable, qui prétend faire marcher la voiture & faire tourner les roues : il s'applaudit comme s'il étoit le moteur, lorsqu'il ne fait que suivre un mouvement donné ; c'est prétendre augmenter la rapidité d'une cataracte à coups d'aviron, ou la célérité des vents à coups d'éventail.

Les grands établissemens, une population formée tout d'un coup ; quelle que soit leur réussite dans la suite des temps, sont toujours des entreprises coûteuses pour l'espece. On assure que dans les premiers efforts que l'on fit pour peupler S. Petersbourg, on y transporta annuellement près de cent mille paysans, comme autant de pieces de bétail, & qu'ils y périrent chaque année, faute de subsistance (*a*). L'Indien ne s'établit jamais que dans le voisina-

(*a*) Strachlenberg.

ge du platane, (*a*) & à mesure que sa famille croît, il ne fait qu'ajouter un arbre à son allée.

Si le platane, le cocotier ou le palmier suffisoient à l'entretien d'un habitant, les hommes dans les pays chauds devroient égaler en nombre les arbres des forêts. Mais dans la plupart des contrées de la terre, telle est la nature du climat & du sol, que les productions spontanées se réduisent presque à rien, & qu'il n'y a que le travail & l'industrie qui puissent donner la quantité nécessaire de subsistances. Si un peuple conserve sa frugalité, tandis que son industrie s'étend, que ses arts se perfectionnent, il doit multiplier en proportion : c'est pour cela que les campagnes cultivées de l'Europe sont plus peuplées que les friches de l'Amérique ou les plaines de la Tartarie.

Mais l'accroissement que reçoit la population de l'accroissement de la richesse, a aussi son terme; le *né-*

(*a*) Dampierre.

cessaire est un mot vague & relatif: pour le sauvage il signifie une chose, il en signifie une autre pour le citoyen policé; c'est l'imagination & l'habitude qui en fixent le sens. Pendant que les arts se perfectionnent, que les richesses s'accumulent, que les possessions des individus ou leurs espérances de fortune, répondent à l'idée qu'ils ont de ce qui est nécessaire à l'établissement d'une famille, ils se chargent avec joie des soins qu'exige cet établissement. Mais dès que la possession, quoique plus que suffisante, cesse de remplir cette mesure, & qu'il est difficile de parvenir au degré de fortune supposé nécessaire dans l'état de mariage, dès ce moment la population s'arrête ou commence à baisser. Le citoyen, dominé par sa prévention, retombe dans l'état du sauvage; il craint que ses enfans ne périssent d'indigence; & il s'éloigne d'un théâtre où regne l'abondance, parce qu'il ne se croit pas assez de fortune pour y figurer d'une maniere convenable à son prétendu rang ou à ses souhaits. Accumuler la richesse n'est pas un moyen efficace de guérir un mal qui augmente avec le remède ; on continue à rechercher les objets rares & coûteux ; si les soyeries & les perles sont devenues communes, on court après des décorations nouvelles qui ne soient à la portée que du riche seul. Les fantaisies se multiplient en proportion de la complaisance avec laquelle on les satisfait. Il n'y a pas de terme à la richesse pour une imagination insatiable : il n'y a qu'un accroissement continuel qui puisse la mettre à son aise.

C'est l'intérêt qui détermine les hommes à travailler & à embrasser les professions lucratives. Assurez à l'ouvrier le fruit de son travail ; offrez-lui la perspective de l'indépendance & de la liberté, & vous aurez donné à l'état un agent habile à s'enrichir, & un gardien attentif de ce qu'il aura amassé. A cet égard, un ministre n'a guère plus de pouvoir qu'à l'égard de la population : c'est-à-dire, qu'il ne peut qu'éviter de nuire. Il suffit qu'à la naissance du commerce, il sache réprimer les fraudes auxquelles il est exposé. Le commerce, lorsqu'il a de la suite, est de toutes les parties celle où les hommes abandonnés à leur propre expérience, sont le moins sujets à s'égarer.

Dans les siecles grossiers, le commerçant est trompeur, mercenaire, borné dans ses vues ; mais à mesure que son art fait des progrès, ses principes se forment, ses vues s'étendent ; il devient exact, honnête, intégre, entreprenant ; & dans les temps d'une corruption générale, il est le seul qui possede toute vertu, excepté la force de défendre ce qu'il a acquis. Il ne demande d'autre secours à l'état que sa protection ; & souvent l'état trouve en lui le plus intelligent & le plus respectable de ses membres. On sait qu'à la Chine même où le vol, la fraude & la corruption

ruption sont une pratique universelle dans toutes les classes de la nation on trouve de la bonne foi & de la confiance chez le gros négociant : tandis que ses compatriotes se conduisent par des mœurs particulieres & conformément à une police faite pour des brigands, il agit d'après la raison de commerce & les maximes de l'humanité.

Si la population est liée à la richesse publique, la base fondamentale de l'une & de l'autre est la liberté & la sûreté des personnes : il suffit que cette base soit bien affermie dans un état ; la nature a pourvu d'ailleurs à l'augmentation & à l'industrie de ses membres ; à l'une, par le penchant impérieux qui existe dans le systême animal ; à l'autre, par une considération la plus constante, la plus uniforme de toutes celles qui agissent sur l'esprit humain. Le grand objet de la police, à l'égard de ces deux articles, est donc d'assurer à la famille les moyens de s'établir & de subsister ; de protéger l'industrie dans tout ce qui l'intéresse ; de concilier les gênes de police & les affections sociales avec les intérêts & les vues particulieres des individus.

En fait de métier, d'industrie, de commerce, la pratique & l'expérience sont les grands maîtres ; le raisonneur n'est qu'un apprentif. Le but du commerce est d'enrichir l'individu ; plus il gagne pour son compte, plus il augmente la masse de la richesse nationale. S'il demande protection, il faut la lui donner ; s'il se commet des fraudes, des abus, il faut les réprimer ; c'est tout ce que le gouvernement doit prétendre. Toutes les fois que l'administration, par des raffinemens profonds, porte une main agissante sur cet objet, elle ne fait qu'interrompre la marche des choses, & multiplier les sujets de plaintes ; toutes les fois que le commerçant oublie ses intérêts pour se livrer à des projets nationaux, le temps des viſions & des chimeres eſt prochain, & le commerce perd ſa baſe & ſa ſolidité. Peut-être pourroit-on dire que les intérêts du commerce ſont en sûreté, tant que le commerçant ne ſonge qu'à ſon gain, & qu'il ne donne aucun ſujet de plainte.

Le miniſtere de France, en partant de la ſuppoſition que l'exportation des bleds affame le pays qui les a produits, a, juſqu'à ces derniers temps, arrêté cette branche de commerce par les plus ſéveres prohibitions. En Angleterre, le propriétaire & le fermier ont le crédit de faire décerner un prix à l'exportation & encourager par ce moyen la vente de leurs denrées; & l'événement a montré, qu'en matiere de commerce & d'approviſionnement, l'intérêt particulier eſt un guide plus sûr que toutes les ſpéculations du gouvernement. Une nation projetta un établiſſement ſur le continent ſeptentrional de l'Amérique, & comptant peu ſur la conduite & ſur les lumieres bornées des commerçans, elle mit en œuvre toutes les ressources de ses hommes d'état; une autre nation laissa aux particuliers la liberté de penser pour leur propre compte & de se choisir une position à leur gré: ceux-ci, avec leurs vues courtes & leur industrie active, formerent un établissement florissant; & les vastes projets des autres ne furent réalisés qu'en idée.

Mais j'abandonne volontiers une matiere dans laquelle je suis médiocrement versé, & dans laquelle je ne me trouve pas indispensablement engagé par les vues que je me suis proposées dans cet ouvrage. Les écrivains les plus habiles ont traité complettement ce qui regarde le commerce & la richesse; ce qu'ils m'ont laissé de plus important à dire sur ce sujet, c'est qu'en général, il faut bien se garder de considérer ces deux articles comme constituant la somme de la félicité nationale, ou comme l'objet capital d'un état. I,

Une nation néglige les sources de richesses que la nature a placées chez elle pour courir après l'or & les métaux précieux, & elle devient dépendante de ses voisins pour les choses nécessaires à la vie : une autre s'applique à mettre en valeur ses ressources domestiques, & à augmenter son commerce au point d'être à la merci des étrangers pour défendre ce qu'elle acquiert. Enfin, c'est une chose fatiguante que les intérêts de commerce soient devenus le sujet éternel des conversations, que l'on en parle sans cesse comme de la grande affaire des conseils des nations, tandis que, par-delà la protection dont il a besoin, les gouvernemens ne peuvent que rarement, ou plutôt jamais, s'en mêler sans lui porter quelque préjudice.

On se plaint de ce qu'il n'y a point d'esprit public ; quoi qu'il en soit à l'égard de la pratique, on peut dire qu'en spéculation, ce n'est pas là un de nos défauts : nous sommes sans cesse occupés à faire des spéculations, des projets pour le public; mais bien souvent ne vaudroit-il pas mieux manquer absolument de vues nationales, que d'en avoir de semblables à celles que nous manifestons? Nous voudrions transformer les nations en autant de compagnies de commerçans; nous voudrions qu'elles ne fussent occupées comme eux qu'à augmenter leurs fonds; qu'elles s'assemblassent pour délibérer sur la perte ou le gain; & que, comme eux aussi, elles se missent dans le cas de recourir pour leur défense à des forces qu'elles ne trouveroient plus en elles-mêmes.

Parce que les hommes, comme les autres animaux, se trouvent en multitude par-tout où les choses nécessaires à la vie sont rassemblées, & les richesses accumulées; nous comptons pour rien, dans l'article du bonheur, le caractere moral & politique d'un peuple; notre prévoyance en faveur du troupeau que nous voudrions multiplier, ne porte pas nos regards au-delà de l'étable & des pâturages. Nous oublions que souvent des multitudes furent la proie du petit nombre ; qu'il n'y a rien de plus capable de tenter le pauvre, que les coffres du riche ; & que, quand il faut racheter sa liberté, un vainqueur insolent ajoute aux poids de la balance, le poids de son épée.

Quelle que soit à cet égard la conduite actuelle des nations, il est certain que la plupart de nos raisonnemens, en nous inspirant cette prévention en faveur de la richesse & de la population, tendent à nous précipiter dans un état de choses, où les hommes, en bute à la corruption, sont incapables de défendre leurs possessions, & finissent par tomber dans l'oppression & la décadence ; c'est couper les racines de l'arbre, pour vouloir étendre ses branches, & rendre son feuillage plus épais.

Parmi le petit nombre d'hommes qui tournent leur attention du côté des affaires publiques, les uns ne songent qu'à l'accroissement & à la richesse d'un peuple : il est possible que ceux-là soient induits à cette maniere de voir, par la supposition qu'il n'y a rien à craindre pour les vertus des hommes ; de même que c'est dans la crainte de la corruption, que d'autres ne s'occupent que des moyens de conserver les vertus nationales. La société a sans doute de grandes obligations aux uns & aux autres. Ils ne différent entr'eux que par un mal-entendu ; & malheureusement, lors même qu'ils se rapprochent, ils ne sont pas assez forts pour résister à un troisieme parti, bien moins estimable, formé par ceux qui rapportent tout à l'intérêt personnel, qui ne cherchent d'autre sûreté que la leur, & ne se mettent en peine de grossir d'autres fonds que le leur.

CHAPITRE V.

De la défense nationale & de la conquête.

IL est impossible de déterminer avec précision jusqu'à quel point la police de tel ou tel état a rapport à la guerre ou à la sûreté nationale. « Notre législateur, dit le Crétois dans » Platon, étoit persuadé que la na- » ture a placé les hommes dans un » état d'hostilité : il prit ses mesures » en conséquence ; & remarquant » que toutes les possessions des vain- » cus appartiennent aux vainqueurs, » il crut qu'il seroit ridicule de se » proposer aucun avantage pour son » pays, avant que d'avoir pourvu à » ce qu'il ne pût être conquis ».

C'est une opinion assez générale, que la Crete, que l'on suppose avoir été un chef-d'oeuvre de police militaire, servît de modele aux fameuses loix de Lycurgue. Il semble qu'en tout état de choses, il faille aux hommes quelque objet palpable pour diriger leur marche, & qu'ils ayent en vue quelqu'avantage extérieur, jusques dans le choix de leurs vertus. La discipline de Sparte étoit militaire; le sentiment de son utilité à la guerre, bien plutôt que l'empire de loix traditionelles & non écrites, plutôt que la foi publique que l'on suppose engagée au législateur, détermina ce peuple à persévérer dans l'observation de plusieurs regles, qui ne paroissent nécessaires aux autres nations qu'en présence de l'ennemi.

Toutes les institutions de ce peuple singulier sont autant de leçons d'obéissance, de fermeté, de zele pour le bien public : mais une chose bien remarquable, c'est qu'il voulut ne devoir qu'à ses seules vertus ce que les autres nations sont obligées d'acheter avec leurs trésors; & c'est un point incontestable que dans le cours de leur histoire, les Spartiates en vinrent au point de ne considéter leur régime que du côté de ses effets moraux. Ils avoient éprouvé combien il est heureux de posséder une ame courageuse, désintéressée & vouée aux affections les plus louables; & ils s'attacherent à conserver en eux ce précieux caractere, en renonçant aux projets de l'ambition, & à la gloire des exploits guerriers, même en sacrifiant des portions considérables de la nation.

Ce ne fut pas la perte des Spartiates tués à Leuctres sous Cléombrote, qui remplit de deuil & de réflexions affligeantes les chaumieres de Lacédemone, mais le sort de ceux qui avoient échappé au fer de l'ennemi (a) : ce fut la crainte que leurs concitoyens ne se laissassent corrompre par le commerce d'hommes serviles & mercenaires, qui leur fit quitter le premier rang qu'ils occupoient dans la guerre de Perse, & laisser les Athéniens courir sans rivaux, durant cinquante ans, la car-

(a) Xenophon.

riere de l'ambition & de la fortune, où ils acquirent un si haut degré de richesse & de puissance (*a*).

Nous avons eu occasion d'observer que dans tout état grossier, la guerre est la grande affaire; & que, dans les temps de barbarie, l'espece humaine étant divisée en petites portions, dans un état d'hostilités continuelles, cette circonstance donne au chef militaire un ascendant continué dans son pays, & pendant la durée des guerres, fait pencher toutes les nations du côté du gouvernement monarchique.

Rien n'est moins susceptible de partage que la conduite d'une armée, & l'on a lieu d'être surpris en voyant les Romains, après plusieurs siecles d'expérience dans la guerre, après avoir éprouvé récemment en plusieurs rencontres quel ennemi étoit Annibal, associer deux généraux pour le commandement de la

(*a*) Thucydides, liv. 1.

même armée, & souffrir que, pour ajuster leurs prétentions, ils conviennent de commander alternativement chacun son jour. Cependant le même peuple, en d'autres conjonctures, jugea à propos de suspendre l'exercice de toute magistrature inférieure, & dans des momens de grande alarme, réunit dans les mains d'un seul toute l'autorité de l'état.

Toutes les républiques ont senti la nécessité de donner une grande autorité à la partie exécutrice du gouvernement, relativement à l'administration de la guerre. A Rome, aussitôt que le consul avoit fait publier l'enrôlement, & qu'il avoit reçu le serment militaire, il devenoit maître du trésor public & de la vie de tout ce qui étoit sous son commandement: la hache & les faisceaux n'étoient plus une simple marque de magistrature, ou un vain appareil dans les mains du licteur: tout mutin, tout réfractaire, de quelque rang qu'il fût, étoit frappé sans appel, & le sang d'un fils étoit versé par l'ordre de son propre pere.

Dans tout état libre, il faut distinguer sans cesse l'esprit des loix militaires, de l'esprit des loix civiles; & quiconque ne sait pas se plier à une obéissance implicite, & renoncer, dans les camps, à sa liberté personnelle, par le même principe de magnanimité qui le porte à la défendre dans les délibérations politiques de son pays, il lui reste à apprendre la plus importante leçon de la société civile: il n'est encore propre à occuper une place que chez un peuple grossier, ou bien dans un état corrompu, où les principes de la mutinerie & de la servitude étant confondus, on fait souvent, des uns & des autres, la plus fausse application.

Des nations portées au gouvernement populaire ou aristocratique, en considération de ce qu'exige la guerre, ont eu recours à des établissemens qui avoisinoient le monarchisme. Des nations même chez qui, dans les temps ordinaires, la premiere charge de l'état étoit partagée entre plusieurs personnes, réunissoient en des conjonctures particulieres, dans les mains d'une seule, tout le pouvoir, toute l'autorité qui dépendoit de cette charge; & dans des momens de grande détresse, lorsque l'édifice politique étoit ébranlé ou menacé, on élevoit une puissance monarchique comme un rempart pour soutenir l'état contre la violence des secousses. C'est ainsi qu'à Rome on créoit, au besoin, des dictateurs, & dans les Provinces-Unies, des stadthoulders; c'est ainsi que dans les gouvernemens mixtes, on étend, au besoin, la prérogative royale, en suspendant pour un temps l'empire des loix (*a*); & que l'on écarte en quelque sorte, les barrieres de la liberté, pour conférer au roi un pouvoir dictatorial.

(*a*) En Angleterre, par la suspension de la loi *Habeas corpus*.

Si l'espece humaine n'avoit en vue que la guerre, il est vraisemblable qu'elle continueroit à préférer le gouvernement monarchique à tout autre; ou du moins que les nations, dans la vue de faire regner le secret & l'harmonie dans les conseils, laisseroient une autorité illimitée à la puissance exécutrice. Mais heureusement pour la société civile, les hommes ont des objets d'une autre espece: & l'expérience a fait connoître que, quoique le commandement des armées exigeât un pouvoir absolu & sans partage, on a cependant plus d'avantage pour former une force nationale par-tout où un nombre d'hommes est accoutumé à l'égalité, & où le moindre citoyen peut se regarder dans l'occasion comme destiné à commander aussi-bien qu'à obéir. C'est-là qu'un dictateur trouve un esprit & une vigueur tout préparés pour seconder ses mesures; c'est-là aussi qu'il se forme des dictateurs, & que les suffrages publics ont à choisir entre plusieurs généraux distingués; c'est-là enfin, que la prospérité de l'état n'est pas attachée à une ou quelques têtes, & qu'une sagesse qui ne meurt jamais, avec un systême d'arrangemens militaires permanent & régulier, peut, même après les plus grands désastres, prolonger encore la résistance nationale. Les Romains, avec cet avantage, avec un nombre de capitaines habiles qui se succéderent sans interruption, étoient, dans tous les temps, presque en état de faire face à leurs ennemis d'Asie ou d'Afrique; au lieu que la fortune de ces ennemis dépendoit de l'existence fortuite & passagere de quelques hommes, d'un Mithridate, d'un Annibal.

On nous dit que le soldat a son point d'honneur & une façon de penser qu'il semble prendre en même temps que son épée. Ce point d'honneur, dans les états libres où la corruption n'a pas encore trouvé accès, est l'amour du bien public; pour eux la guerre est un théâtre de passions, & non point un métier. Les biens & les maux qu'elle entraîne, affectent jusqu'à l'excès : pour les amis, c'est le moment de recevoir les plus fortes preuves d'attachement: pour les ennemis, d'éprouver les plus furieux effets du ressentiment. C'est de cette maniere que les nations célebres de l'antiquité firent la guerre après les plus grands progrès dans la civilisation, après être parvenues au plus haut degré de raffinement.

Dans les sociétés grossieres & peu nombreuses, l'individu est personnellement attaqué dans toutes les guerres de sa nation, & personne ne peut se proposer de charger un autre de sa défense. « Le roi d'Espagne » est un grand prince », disoit un chef Américain au gouverneur de la Jamaïque, occupé à disposer un corps de troupes qui devoit servir dans une expédition contre les Espagnols : » comment pouvez-vous » former le projet de faire la guerre

» à un si grand roi, avec des forces » si peu considérables » ? On lui dit que ces troupes étoient destinées à joindre d'autres forces qui arrivoient d'Europe, & qu'alors le gouverneur n'auroit plus le commandement; « & ces gens », reprit l'Américain, en montrant la foule des spectateurs, » qui sont-ils ? ne sont-» ils pas de votre nation; & pour-» quoi ne marchent-ils pas dans une » occasion aussi importante » ? On lui répondit que ces spectateurs étoient des marchands ou des habitans qui ne faisoient pas la guerre. « Seroient-» ils encore marchands », continua cet homme d'état, » si le roi d'Es-» pagne venoit ici vous attaquer ? » Pour moi, je suis d'avis qu'on ne » doit souffrir les marchands dans » aucun pays : quand je pars pour la » guerre, je ne laisse dans les habi-» tations que des femmes ». Il paroît que ce guerrier, dans sa simplicité, regardoit les marchands comme une espece de gens neutres qui ne prenoient aucune part aux démêlés de leur pays, & qu'il étoit loin de concevoir comment la guerre elle-même peut être une affaire de trafic; comment des ordres partis des comptoirs font mouvoir des armées formidables; comment, pour des lettres-de-change, souvent on vend & on achete le sang humain, sans qu'il y ait le moindre sujet de haine entre les nations; & comment enfin chez la plupart des peuples policés, le prince, la noblesse, les ministres pourroient eux-mêmes bien souvent, sous ce point de vue, être considérés comme des marchands.

Dans tout état où les arts & la police ont fait des progrès, les membres sont partagés par classes; dans les premiers temps de cette distribution, la distinction la plus marquée est celle qui sépare le guerrier & l'habitant pacifique; c'en est assez pour mettre, entre des hommes, les rapports de maîtres & d'esclaves. Même après que la rigueur d'une servitude ancienne a été adoucie, comme il est arrivé dans l'Europe moderne, en conséquence d'une protection & du droit de propriété accordés à l'artisan & au cultivateur ; cette distinction sert encore à séparer le noble du roturier & à désigner la classe des hommes qui sont destinés à regner & à dominer dans leur pays.

L'espece humaine n'avoit certainement jamais prévu qu'en se perfectionnant elle dût renverser cet ordre, ou même qu'elle dût placer en d'autres mains le gouvernement & la force militaire des nations. Mais ne seroit-ce pas une chose aussi imprévue, s'il arrivoit que cet ancien ordre fût rétabli, & que le citoyen pacifique, quels que soient son rang & ses privileges, se vît forcé à se courber devant celui à qui il auroit confié l'usage de son épée. Si une pareille révolution s'opéroit de nos jours, ce nouveau maître feroit-il revivre dans son ordre l'esprit de noblesse & de liberté ? rendroit-il du caractere au guerrier, à l'homme d'état? ressusciteroit-il dans son pays, les vertus civiles & militaires? je suis embarrassé de répondre à ces questions. Montesquieu a observé que le gouvernement de Rome continua d'être électif & républicain entre les mains des troupes, même sous les empereurs; mais que l'on n'entendit plus parler des Fabius, des Brutus, lorsque les bandes prétoriennes furent devenues la république.

Nous avons rapporté quelques-uns des titres sous lesquels un peuple, au sortir de la barbarie, peut parvenir à se classer. Tels sont la noblesse, le peuple, les adhérans du prince; nous avons aussi fait mention du sacerdoce; quand on vient aux temps de raffinement, il faut ajouter l'armée à cette liste. Le gouvernement civil & la guerre formant des départemens séparés, & les administrateurs politiques ayant la prééminence, l'ambition les porte tout naturellement, à départir le service militaire à des gens qui se contentent d'un état subordonné. Ceux qui possédent la portion la plus considérable dans le partage de la richesse, & qui ont le plus grand intérêt à la défense de leur pays, ayant renoncé aux armes, il faut qu'ils payent l'exemption du service qu'ils ne font plus eux-mêmes : & dès-lors, il faut soudoyer des armées, non-seulement lorsqu'elles sont employées au loin, mais même dans l'intérieur du pays. On invente une discipline pour accoutumer le soldat à remplir, par habitude & par la crainte des punitions, un devoir périlleux qui n'est plus commandé par un esprit national ou par l'amour du bien public.

Quand on considere quelle brêche un pareil établissement a dû faire dans le systême des vertus nationales, il est bien affligeant de voir que la plupart des nations qui ont parcouru la carriere des arts civils, ont adopté, jusqu'à un certain point, cette méthode. Non-seulement les états qui ont ou des guerres à soutenir, ou des possessions éloignées & précaires à défendre; non-seulement un prince avide de puissance, ou jaloux de l'emporter du côté de la discipline, ont la manie d'entretenir des armées sur pied, & d'avoir à leur solde des troupes étrangeres: on trouve le même usage établi jusques dans des républiques qui ont rarement les raisons que nous venons de citer, & qui n'ont aucun des motifs qui prévalent dans les monarchies.

Si les arrangemens militaires occupent une place si considérable dans la police intérieure des nations, les conséquences actuelles des guerres ne sont pas moins importantes dans l'histoire du genre humain. La gloire & le butin étoient autrefois le sujet des querelles; une supériorité reconnue ou une rançon imposée, étoient les prix de la victoire & les conditions de la paix. Le desir de la sûreté & de la domination, produit aujourd'hui le même effet sur les hommes,

&

& leur fait ambitionner l'accroissement de leurs forces. Soit comme vainqueurs ou comme vaincu, ils tendent à se réunir & à s'incorporer; & des nations puissantes regardant l'acquisition d'une province ou d'une forteresse sur leur frontiere comme un gain, sont perpétuellement occupées du soin de reculer les limites de leur domination.

Quelquefois les maximes de la conquête ne sont autre chose que celles de la défense de soi-même. Un état voisin est-il dangereux, incommode, turbulent? la raison de sûreté, aussi-bien que le motif de conquête, veut qu'on l'affoiblisse ou qu'on le désarme : si une fois réduit, il se montre encore disposé à remuer, il faut alors le soumettre & le gouverner en forme. Jamais Rome ne donna d'autres couleurs à ses conquêtes ; elle envoyoit par-tout ses armées insolentes, sous le spécieux prétexte de se procurer à elle-même & à ses alliés une paix durable, qu'elle se réservoit à elle seule le droit de troubler.

Les ligues des états de la Gréce les uns contre les autres, formoient une espece d'équilibre qui maintint, pendant un temps, leur séparation & leur indépendance respective ; ce moment est le période le plus heureux & le plus brillant de leur histoire. Ils furent redevables de sa durée à la vigilance & à la bonne conduite qu'ils mirent chacun de leur côté, bien plus qu'à la modération de leurs conseils, ou à quelque disposition particuliere de leur police domestique, faite dans la vûe de borner leurs progrès. Quelquefois le vainqueur se contentoit de changer le gouvernement du peuple vaincu, & de lui donner la forme de son propre gouvernement. Il seroit difficile de déterminer quelle fut la progression que suivit l'esprit de domination ; mais, quand on voit un des partis faire la guerre pour imposer des tributs, l'autre pour assurer à ses armes la supériorité, on ne sauroit douter que les Athéniens, par une ambition nationale, par le desir de s'enrichir, & les Lacédémoniens qui d'abord n'avoient songé qu'à se défendre, eux & leurs alliés, n'ayent fini les uns & les autres par vouloir se rendre les maîtres de la Gréce, & qu'ils ne se destinassent réciproquement le joug qui leur fut imposé, à eux & à leurs confédérés, par une main étrangere.

Dans les conquêtes de Philippe, on voit l'esprit d'ambition naturel aux princes, mêlé avec le desir d'opérer sa sûreté. Il tourna successivement ses armes de tous les côtés d'où il se vit inquiété, blessé ou provoqué : & quand il eut soumis les Grecs, il leur proposa de les mener contre les Perses, leurs anciens ennemis. A cet égard, il ne fit que former le plan qui fut exécuté par son fils.

Les Romains, devenus maîtres

de l'Italie, & vainqueurs de Carthage, avoient eu quelque inquiétude du côté de la Macédoine ; ce fut une occasion de traverser une mer nouvelle pour eux, & d'aller chercher un nouveau champ pour exercer leurs forces. En suivant le cours de leurs guerres, depuis la date la plus reculée, jusqu'aux derniers tems de leur histoire, on voit que, sans avoir un plan de conquêtes, sans entrevoir quelle utilité ils pourroient retirer de provinces éloignées, sans prévoir comment gouverner leurs nouvelles possessions, ils continuerent à s'emparer de tout ce qui se trouva successivement à leur portée ; & que, poussés par une police qui les jettoit dans des guerres continuelles toujours terminées par des triomphes, & par des acquisitions de territoire, ils parvinrent à porter jusqu'à l'Euphrate, au Danube & au Weser, jusqu'au Forth & à l'Océan, les limites d'un état qui, peu de siecles auparavant, étoit borné à l'enceinte d'un village.

C'est une témérité d'assurer que le génie de quelque peuple que ce soit, le rende ennemi des conquêtes. Il est certain que pour l'ordinaire, ses vrais intérêts demandent qu'il le soit; mais tout état assez fort pour se défendre, & pour remporter des victoires, est dès-lors en grand danger de succomber à la tentation de conquérir.

En Europe, où l'on entretient par-tout des armées mercenaires & disciplinées, toujours prêtes à parcourir la terre, ou, semblables à des flots contenus par de foibles digues, elles ne sont retenues que par des formes politiques, ou par un équilibre de puissance momentané; si ces frêles barrieres venoient à se rompre, de quels déluges ne deviendrions-nous pas spectateurs. Depuis la mer de Corée jusqu'à l'océan Atlantique, on ne trouve que des empires & des royaumes énervés. Il n'y a pas d'état qui, par la défaite de ses troupes, ne puisse être réduit à la condition de province conquise; les armées qui tiennent la campagne, peuvent, du jour au lendemain, se laisser débaucher par l'ennemi; chaque victoire remportée, peut donner au vainqueur un surcroît de forces, & rendre sa puissance supérieure à toute résistance.

Les Romains, avec bien moins d'avantages du côté des arts qui facilitent la communication par terre & par mer, ont pu maintenir leur domination dans une partie considérable de l'Europe, de l'Asie & de l'Afrique, sur des nations intraitables & féroces. Que ne seroient pas capables d'exécuter les flottes & les armées d'Europe, avec l'accès que leur ouvrent le commerce dans toutes les parties de la terre, & la facilité des transports? si cette funeste maxime devenoit dominante:

que l'étendue du territoire est la mesure de la grandeur des nations ; ou que l'intérêt de chaque peuple en particulier, est de réduire ses voisins en servitude.

CHAPITRE VI.

De la liberté civile.

SI les nations avoient pour principal objet dans la guerre le pillage ou la défense, toute tribu, dès sa naissance, aspireroit à la condition d'une horde Tartare, & dans tous ses succès, elle ne tendroit qu'à parvenir à la grandeur d'un empire Tartare. Le chef militaire tiendroit lieu de magistrat civil; & la somme des précautions publiques se réduiroit à se tenir toujours en état de fuir avec toutes ses possessions, ou de marcher avec toutes ses forces.

Le premier qui, sur les bords du Wolga ou du Jenisca, apprit au Scythe à monter un cheval, à rendre mobile sa cabane en l'établissant sur des roues, à manier l'arc & la lance avec agilité, à décocher ses traits, en fuyant, contre l'ennemi qui le poursuit, à le harasser par les fuites autant que par les attaques; le premier qui apprit à ses compatriotes à employer le même animal aux travaux du labourage, à en tirer du laitage, & à se nourrir de sa chair, dut être regardé comme le fondateur de sa nation; ou bien on dut, comme on fit à Cérès & à Bacchus, lui décerner les honneurs divins, en reconnoissance de ses utiles découvertes. C'est vraisemblablement par de pareils bienfaits qu'Hercule & Jason mériterent que leurs noms & leurs exploits fussent transmis à la postérité; mais les héros de la société politique, mais les Lycurgue, les Solon, pouvoient ne fournir matiere ni aux éloges, ni aux fictions de la renommée.

Il est possible que l'affection & l'honneur regnent avec toute leur énergie, dans une tribu de barbares voués à la guerre, tandis que cette même tribu n'offre au reste des hommes que l'aspect d'une troupe de voleurs & de bandits (*a*). Ils peuvent être entr'eux désintéressés, bienfaisans, & supérieurs aux dangers; mais nos sentimens d'humanité, notre respect pour les droits des nations, notre admiration pour la sagesse & la justice civile, notre mollesse elle-même nous font détourner nos regards, avec mépris ou même avec horreur, d'un spectacle qui ne nous présente aucune de nos bonnes qualités, & qui est un reproche perpétuel pour notre foiblesse.

C'est dans le maniement des affaires de la société civile que les hommes trouvent à exercer leurs plus beaux talens, aussi-bien que leurs affections les plus honnêtes. C'est à l'aide des avantages de la société civile que l'art de la guerre se perfectionne; c'est par eux que les ressources se multiplient; c'est dans les sociétés que l'on connoît le mieux les ressorts compliqués d'où dépend la conduite des armées. Les plus célébres guerriers furent

(*a*) Hist. des Arabes, par d'Arvieux.

des citoyens : un général Thrace, Germain ou Gaulois, n'étoit qu'un apprentif en comparaiſon d'un Grec ou d'un Romain. Ce fut d'Epaminondas & de Pelopidas, que le héros de Pella apprit les principes de ſon art.

Si, comme nous l'avons obſervé dans le Chapitre précédent, les nations doivent ajuſter leur police dans la vue des guerres du dehors, elles n'ont pas moins intérêt à pourvoir au maintien de la paix au dedans. Mais point de paix ſans juſtice; elle peut ſubſiſter au milieu des diſſentions, des diſputes & dans le choc des opinions contraires; jamais au ſein de la licence & de l'impunité. L'aggreſſeur & l'offenſé ſont réellement, & ſuivant toute la rigueur du terme, dans un état d'hoſtilité.

Par-tout où les hommes vivent en paix, ils en ſont redevables ou à leur affection & à leurs égards mutuels, ou bien au frein des loix. Les états les plus heureux ſont ſans contredit, ceux qui doivent leur tranquillité au premier de ces mobiles : mais c'est encore une chose assez rare de l'obtenir par le second. Le premier écarte les sujets de guerre & de rivalité : le second concilie les prétentions des hommes par des stipulations & des traités. Sparte apprit à ses citoyens à mépriser l'intérêt : d'autres nations libres se sont attachées à mettre en sûreté l'intérêt de leurs membres, & ont regardé ce point comme une portion essentielle de leurs droits.

La loi est le traité consenti par les membres d'une même communauté, en vertu duquel le magistrat & le sujet continuent à jouir de leurs droits, & à entretenir la paix de la société. Le desir du gain est la grande source des injustices : en conséquence, la loi doit avoir un rapport principal à la propriété. Elle doit déterminer les différentes manieres dont la propriété peut s'acquérir, telles que la prescription, la cession, la succession ; & fournir des moyens efficaces pour en rendre la possession assurée.

Outre l'avarice, il est d'autres mobiles qui rendent les hommes injustes ; l'orgueil, la méchanceté, l'envie, la vengeance. La loi tend à déraciner ces principes eux-mêmes, ou du moins à en prévenir les effets.

Quel que soit le motif qui fasse commettre les injustices, un homme peut être lésé de plusieurs manieres ; il peut l'être dans ses biens, dans sa personne, dans la liberté de ses démarches. La nature l'a rendu maître de toute action qui n'est point nuisible aux autres. Peut-être aussi que les loix de la société à laquelle il appartient, lui donnent droit de prétendre à un certain poste, & l'admettent à avoir part au gouvernement de son pays. En conséquence, toute violence qui tendroit à le gêner injustement dans la jouissance de ces avantages, peut-être regardée comme une infraction de ses droits politiques.

Le citoyen est réputé libre par-tout où il est censé avoir des droits attachés à sa propriété & à son poste, & où il est protégé dans l'exercice de ces droits; les gênes mêmes qui empêchent les crimes, font partie de sa liberté. Personne n'est libre où quelqu'un peut être injuste avec impunité. Le despote sur son trône n'est pas même une exception à cette loi générale; dès le moment qu'il prétend décider par la force, il est lui-même esclave. Le mépris qu'il fait des droits de son peuple, rejaillit sur lui-même; & au milieu de l'incertitude générale de toutes les conditions, il n'y a pas de possession plus incertaine que la sienne.

Chaque peuple est porté à croire que ce n'est que chez lui que l'on trouve la véritable signification du mot de liberté; cette diversité dans les sens qu'on attache à ce mot, vient des différentes idées auxquelles on l'applique, soit que ce soit à la sûreté des personnes & des propriétés, à la dignité du rang ou à la participation de l'influence dans les affaires publiques, ou bien aux différens moyens par lesquels les droits des individus sont assurés.

Quelques états, persuadés que l'inégalité dans la répartition des biens est une injustice, en ont exigé un nouveau partage, comme le fondement de la liberté. Cet expédient convient au gouvernement démocratique, ce n'est que là qu'il a pu être admis avec succès.

Nous en trouvons des exemples dans des établissemens nouveaux, tels que celui du peuple Juif, ou dans des établissemens singuliers, tels que ceux de Crete & de Sparte. Mais en général, tout ce que peut se promettre l'esprit démocratique, est de prolonger la durée des débats touchant les loix agraires; de procurer quelquefois l'abolition des dettes; & de faire croire au peuple, au milieu de toutes les distinctions que peut opérer la fortune, qu'il n'en conserve pas moins ses droits à l'égalité.

A Rome, à Athenes & dans plusieurs républiques, le citoyen avoit à défendre ses intérêts & ceux de son ordre. La loi agraire y excita des débats qui durerent des siecles entiers: elle servit à tenir les esprits en haleine; à nourrir l'amour de l'égalité; à exercer les talens des partis; mais jamais elle n'eut d'autre effet, jamais son plein & entier effet.

La plupart des institutions qui ont pour but de mettre le foible à couvert de l'oppression, en assurant la possession de la propriété, contribuent à en favoriser la répartition inégale, & à augmenter le crédit de ceux de la part de qui il a lieu de craindre des abus de pouvoir. Cet inconvénient se fit sentir à Athenes & à Rome (a) dès les premiers temps.

(a) Plutarque, dans la vie de Solon, Tite Live.

Pour empêcher les richesses de se concentrer dans un petit nombre de mains, on proposa de fixer des bornes aux fortunes privées, de défendre les substitutions, & de supprimer le droit d'aînesse dans les successions. On proposa de recourir à des loix somptuaires pour prévenir la ruine des fortunes médiocres, & de restreindre l'usage des fortunes exorbitantes pour diminuer l'ambition d'y parvenir. Ces différens expédiens sont plus ou moins compatibles avec les intérêts du commerce, & peuvent être adoptés, à des degrés différens, par un peuple dont l'objet national est la richesse ; ils ont leur utilité, en ce qu'ils inspirent des sentimens de modération & d'égalité, & qu'ils amortissent les passions qui portent les hommes à se nuire mutuellement.

Il paroît que le but des loix somptuaires & de l'égalité des fortunes est spécialement de prévenir les excès de la vanité, de réprimer le faste de la grande opulence, d'affoiblir par ce moyen la passion des richesses, & de conserver dans le coeur du citoyen cet esprit de retenue & d'équité qui doit faire la regle de sa conduite.

Il est impossible de parvenir jamais complettement à ce but dans tout état où il y a inégalité dans le partage de la propriété, & où la fortune a assez d'empire pour donner un rang & des distinctions. Il est même bien difficile, de quelque maniere que l'on s'y prenne, de fermer cette source de corruption. De toutes les nations dont l'histoire a quelque authenticité, il paroît que Sparte est la seule qui ait bien conçu ce projet, & la façon de l'exécuter.

La loi, à la vérité, y reconnoissoit la propriété, mais avec des restrictions & des formalités les plus efficaces, à ce qu'il semble, que les hommes ayent encore inventées. On y conservoit jusqu'à un certain point les moeurs qui caractérisent les nations ſimples avant l'établiſſement de la propriété (*a*) ; la paſſion des richeſſes *y* fut étouffée durant pluſieurs ſiecles ; & le citoyen s'y regardoit, non comme propriétaire d'une fortune particuliere, mais comme partie de la fortune publique.

C'étoit une choſe infamante pour un citoyen de vendre ſon patrimoine, ou d'acheter celui d'un autre. Les eſclaves, dans chaque famille, étoient chargés du ſoin de ſes effets ; les arts lucratifs étoient étrangers aux hommes libres. La juſtice avoit pour baſe le mépris de tout ce qui porte communément au crime ; & la ſauve-garde de la liberté civile, étoient les diſpoſitions que l'état s'appliquoit à rendre dominantes dans le cœur de ſes membres.

L'individu étoit débarraſſé de toute ſollicitude à l'égard de la fortune ; il étoit élevé, il étoit occupé toute

(*a*) Voyez le Chapitre II de la ſeconde Partie.

ſa vie au ſervice de l'état : il mangeoit en public ſans autre diſtinction que ſes talens & ſes vertus ; ſes enfans étoient les pupilles & les éleves de la patrie ; lui-même il étoit accoutumé à ſe regarder comme un pere & un inſtituteur pour la jeuneſſe de ſon pays, plutôt que comme le pere attentif d'une ſeule famille.

On dit que les Spartiates étoient aſſez ſoigneux de leur ajuſtement : on les reconnoiſſoit de loin à la co[illegible]r rouge ou pourpre dont ils avoient coutume de ſe vêtir. Mais le logement, l'ameublement, l'équipage n'étoient point abandonnés à la fantaiſie ou à ce que nous appellons le *goût* des particuliers. Le charpentier & le maçon ne pouvoient employer d'autres outils que la hache & la ſcie ; il falloit donc que leurs ouvrages fuſſent d'une grande ſimplicité, & il eſt vraiſemblable qu'à l'égard de la forme, ils continuerent à être les mêmes pendant des ſiecles. L'artiſte mettoit tout ſon génie à perfectionner en lui-même l'ouvrage de la nature, & non à décorer les habitations de ses concitoyens.

Il résultoit de tout cela qu'ils avoient des sénateurs, des magistrats, des généraux d'armées, des ministres d'état & point de gens riches. Chez eux, comme parmi les héros d'Homere, une coupe, un plat de bois étoient la mesure des honneurs. Un citoyen qui par ses talens politiques jouoit le rôle d'arbitre de la Gréce, se trouvoit fort honoré d'avoir à souper une double portion d'une chere bien frugale; il étoit actif, pénétrant, brave, désintéressé, généreux; mais sa table, son train, son ameublement ternissent à nos yeux l'éclat de toutes ses vertus. Les nations voisines venoient cependant à cette pépiniere de guerriers & de politiques, prendre des hommes pour les commander, comme nous allons chercher des ouvriers en tout genre, dans les pays où ils excellent, en

France des cuisiniers, en Italie des musiciens.

Après tout, il est possible que nous ne connoissions pas assez parfaitement la nature des loix & des institutions de Sparte, pour concevoir comment elles pouvoient opérer tous les effets que cet état singulier s'étoit proposés. Mais l'admiration qu'a excitée ce peuple, l'unanimité des écrivains contemporains, touchant sa supériorité reconnue, ne nous permettent pas de disputer les faits. « Quand je vis, dit Xénophon, » que cet état qui n'étoit pas à beaucoup près le plus peuplé de la » Gréce, étoit cependant le plus puissant; je fus saisi d'étonnement, & » je sentis la plus vive curiosité de » savoir à quoi elle étoit redevable » de sa prééminence; mais mon » étonnement cessa aussi-tôt que je » parvins à connoître ses institutions. » Autant un homme est au-dessus » d'un autre homme, autant celui

» qui prend la peine de cultiver son » esprit, surpasse celui qui le laisse » inculte ; autant Sparte l'emporte » sur les autres nations, étant la seule » chez qui on fasse une étude de la » vertu, comme étant l'objet du » gouvernement ».

Les objets de propriété, tant qu'ils ne sont considérés que relativement à la subsistance, & même à la jouissance, sont peu capables de corrompre les hommes, & de faire naître parmi eux l'esprit de concurrence & de jalousie ; mais lorsque la fortune décide du rang, ces objets envisagés sous le point de vue de la distinction & de l'honneur qui y sont attachés, excitent les passions les plus violentes ; ils absorbent toutes les facultés de l'ame ; ils réconcilient l'avarice & la bassesse des sentimens avec l'ambition & la vanité ; & déterminent les hommes à se livrer à des professions sordides & mercenaires, pour parvenir à l'élévation & aux dignités qu'ils leur promettent.

Dans les états, au contraire, où cette source de corruption est fermée solidement, le citoyen est docile & le magistrat integre; la sagesse préside au gouvernement, quelle qu'en soit la forme; les places de confiance ne sont données qu'au mérite; & quelle que soit la maniere de conférer les charges & l'autorité, il arrive presque toujours que tout ce qu'il y a de talens & de force dans l'état, se trouve employé à le servir. Car en pareil cas, l'expérience & la capacité sont les seuls guides de la confiance publique, & les seuls titres pour l'obtenir; & si les citoyens sont partagés par classes, ils se tiendront en échec respectivement par la diversité de leurs opinions, & non par l'opposition de leurs vues d'intérêt.

Il n'est pas difficile de rendre raison des censures qu'a essuyées le gouvernement de Sparte de la part de ceux qui ne l'ont envisagé que du côté de ses formes. Son but ne fut pas

pas de prévenir les crimes en mettant l'amour propre aux prises avec l'amour propre, en contrebalançant les unes par les autres, les affections personnelles & partiales des hommes; mais d'inspirer les vertus du cœur, de pourvoir à la pureté des mœurs, en fermant tout accès aux penchans criminels, & d'assurer la paix intérieure en rendant ses membres indifférens à tous les motifs qui occasionnent les débats & le désordre. Il seroit inutile d'aller lui chercher des points d'analogie dans toute autre constitution, où l'on ne trouvera certainement pas celui qui le distingue & le caractérise principalement. On verra dans d'autres républiques le même partage de la souveraineté, le sénat, les Ephores; Carthage en particulier eut avec ce gouvernement plusieurs traits de conformité (*a*). Quelle affinité néanmoins peut-il y avoir entre deux états dont l'un eut pour unique objet la vertu, & l'au-

(*a*) Aristote.

tre la richesse pour principal objet; entre un peuple dont les rois associés, logés dans une chaumiere semblable à celle du sujet, n'avoient pas d'autre état que leur nourriture journaliere; & une république commerçante où une fortune convenable étoit une des qualités requises pour obtenir les premiers emplois de l'état?

D'autres petites républiques alarmées des entreprises de leurs rois, ou lassées de leur tyrannie, prirent le parti de les chasser; à Sparte, la succession héréditaire au trône fut conservée: d'autres états avoient à redouter les cabales & les brigues qu'occasionnoit la concurrence de leurs membres pour les dignités; à Sparte, pour obtenir une place dans le sénat, il falloit la solliciter: c'étoit la seule condition requise. Un pouvoir tel que l'inquisition suprême dont les Ephores étoient revêtus, ne pouvoit avoir aucun inconvénient entre les mains d'un petit nombre d'hommes choisis indistinctement par le sort parmi toutes les classes des citoyens : si l'on veut trouver un contraste à cet article, ainsi qu'à plusieurs autres de la police Lacédémonienne, on n'a qu'à parcourir l'histoire générale de l'espéce humaine.

Sparte cependant, avec tous les défauts que l'on attribue à sa forme politique, a prospéré des siecles entiers par la pureté de ses moeurs & par le caractere de ses citoyens. Lorsqu'elle eut perdu son innocence, elle ne tomba point dans cet état d'indolence & de langueur où la molesse plonge les nations qu'elle a énervées ; elle suivit le courant qui avoit entraîné les autres états dans le tourbillon des passions violentes, & dans les excès des temps de barbarie. Sparte, quand son ancienne carriere fut terminée, commença la carriere des autres nations ; elle éleva des remparts ; elle travailla à améliorer ses possessions, après qu'elle eût cessé d'améliorer son peuple ; & sur ce nouveau plan, malgré les convulsions qui attaquerent sa vie politique, elle survécut au systême des états engioutis par la puissance Macédonienne, pour jouer un rôle dans un autre systême que forma la ligue des Achéens; & de toutes les communautés de la Gréce, elle fut la derniere qui devint un village sous l'empire des Romains.

Si l'on trouve que nous nous sommes trop étendus sur l'histoire de ce peuple singulier, nous prions le lecteur de se rappeller pour notre justification, que c'est le seul qui, suivant le langage de Xénophon, ait fait de la vertu une affaire d'état.

Il faut que nous nous contentions de tirer notre liberté d'une autre source; de devoir la justice aux limites prescrites à l'autorité du magistrat, & la protection aux loix qui sont faites pour assurer l'état & la personne du sujet. Nous vivons dans des sociétés où il faut être riche pour être grand; où souvent le plaisir même n'est recherché que par vanité;

où le desir d'un bonheur présumé enflamme la plus dangereuse des passions, & devient lui-même la source du malheur; où la justice publique ne sait que lier les bras du crime, & empêcher les attentats, sans inspirer la droiture & la probité.

Telle est la peinture de l'espece humaine, dès le moment qu'elle est dominée par la passion des richesses & du pouvoir. Le tableau cependant n'est jamais uniforme. Les hommes, dans l'état le plus parfait, conservent toujours quelque alliage de mal; & dans l'état le plus déplorable, il leur reste encore quelque mélange de bien. Réduits à n'avoir d'autre sauvegarde pour leurs moeurs que des loix pénales & des gênes de police, ils aiment la droiture & la probité par un goût d'instinct; la société elle-même, par un effet contagieux, leur communique un sentiment d'estime pour ce qui est honnête & louable; leur réunion & leur commune opposition à des ennemis extérieurs, leur tiennent lieu d'amour de la patrie, & leur donnent le courage de défendre ses droits : si c'est une honte pour l'esprit humain que la vertu soit négligée comme objet politique, ses effets fréquens & l'hommage qu'elle obtient comme production naturelle & spontanée du cœur, sont la réparation la plus honorable à notre nature.

Par-tout où les mœurs nationales sont mêlangées & abandonnées à l'influence des événemens ; la sûreté de chaque individu, & sa conséquence politique dépendent beaucoup de lui-même, mais plus encore du parti auquel il tient. La raison en est que tous ceux qui ont un même intérêt, sont toujours prêts à s'unir, à former des partis & à se soutenir les uns les autres, autant que cet intérêt l'exige.

Dans toute communauté libre, lorsque les citoyens forment différens ordres, chaque ordre a en particulier une suite de prétentions & de vues séparées ; il est un parti relativement aux autres membres de l'état ; & relativement aux différences d'intérêt qui se rencontrent parmi ses propres membres, il peut admettre des subdivisions à l'infini. Mais dans tout état, il y a deux intérêts qui se font appercevoir au premier coup d'œil ; celui d'un prince & de ses adhérens, celui d'une noblesse ou de quelque faction passagere, opposée au peuple.

Dans les états où le corps collectif s'est reservé le pouvoir souverain, il paroît assez inutile de chercher d'autres institutions pour assurer les droits du citoyen : mais il est difficile, s'il n'est pas impossible au corps collectif d'exercer ce pouvoir, de façon qu'il puisse se dispenser de prendre toute autre mesure politique.

Si toutes les fonctions du gouvernement ressortissent à l'assemblée du peuple ; la multitude peut bien y manifester, malgré le tumulte, ses sentimens, la conviction de ses droits, & son animosité contre les ennemis ou domestiques ou extérieurs ; mais si l'on vouloit y délibérer sur des points de conduite nationale, y décider des questions de droit, il s'ensuivroit de grands inconvéniens pour le public ; de tous les gouvernemens, les plus exposés à faire des fautes en fait d'administration, & à manquer de vigueur dans l'exécution des mesures publiques, sont les gouvernemens populaires.

C'est pour cette raison que le peuple ne manque jamais de déléguer une partie de son autorité. Il établit un sénat, sinon pour décider, du moins pour traiter & préparer les matieres qui doivent être portées devant le corps collectif, & y être jugées définitivement. Il confie la puissance exécutrice à quelque conseil de cette espéce, ou au magistrat qui préside aux assemblées publiques. Suivant cette méthode ordinaire & indispensable, il y a, même lorsque les formes démocratiques sont observées rigoureusement, deux partis dans l'état, l'un composé de quelques têtes, & l'autre du grand nombre. Si l'un entreprend, l'autre est sur la défensive ; & tous deux sont disposés à trancher tour à tour. Mais quoiqu'en effet la liberté courre de grands risques de la part du peuple lui-même, qui, dans les temps de corruption, devient aisément l'instrument de l'ambition & de la tyrannie ; cependant l'aspect ordinaire que présente le gouvernement, est un air de supériorité dans la puissance exécutrice, & les droits du peuple toujours menacés d'usurpation.

A Rome, quoique les sénateurs fussent confondus dans la foule, lorsque le peuple s'assembloit par tribus, & que le consul ne fût que le valet du public ; cependant aussi-tôt que cette formidable assemblée étoit rompue, les sénateurs s'assembloient pour prescrire à leur souverain sa tâche ; & le consul, précédé de la hache & des faisceaux, alloit apprendre à tout Romain la soumission qu'en sa qualité privée, il devoit à l'état.

Ainsi, lors même que le corps collectif possede la souveraineté, comme il ne s'assemble qu'en certaines occasions, quoique dans ces occasions il décide toutes les questions relatives à ses droits & à ses intérêts, en qualité de peuple ; & qu'il puisse stipuler pour sa liberté avec une force que rien n'est capable de balancer ; cependant il ne peut se croire, & n'est réellement pas en sûreté, à moins qu'il n'y ait une puissance plus uniforme & plus permanente qui milite en sa faveur.

Par-tout la multitude est forte ; mais, pour opérer la sûreté de ses membres ou séparés ou assemblés, cette force a besoin d'être dirigée par un chef. C'est dans cette vue que les Ephores furent établis à Sparte, le conseil des Cent à Carthage, & les Tribuns à Rome. Le parti populaire, ainsi disposé, se trouva plus d'une fois en état de faire tête à ses adversaires ; & même de fouler aux pied des puiſſances ariſtocratiques ou monarchiques, avec leſquelles il n'eût pu ſans cela ſe meſurer avec égalité. Dans ces occaſions l'état eſſuie communément des délais, des interruptions, des embarras que les chefs du peuple ne manquent guère de ſuſciter dans la marche du gouvernement, par des motifs particuliers d'envie, ou par la haine qu'ils portent aux grands.

Lorſque le peuple, comme il arrive dans quelques communautés d'une grande étendue, n'a qu'une portion dans la légiſlation, il ne peut entamer les puiſſances collatérales, qui, ayant auſſi leur portion, ſont à portée de ſe défendre. Lorſqu'il n'agit que par des repréſentans, ſa force peut avoir une influence plus uniforme. Il peut faire partie eſſentielle d'une conſtitution plus durable qu'aucune de celles où le peuple, ayant ou prétendant avoir excluſivement le pouvoir légiſlatif, eſt, quand il eſt aſſemblé, le tyran, & quand il eſt ſéparé, l'eſclave d'un état mal-ordonné.

Dans les gouvernemens proprement mixtes, l'intérêt du peuple trouvant un contre-poids dans celui du Prince ou de la Noblesse, il en résulte entr'eux, pour le moment, un équilibre favorable à l'ordre & à la liberté publique.

C'est toujours de quelque particularité dans la maniere dont les différens intérêts sont ajustés, que viennent toutes les variétés des gouvernemens mixtes; & c'est du degré de considération que chaque intérêt en particulier parvient à s'attirer, que dépend l'équité des loix qu'on fait, & l'obligation qu'elles imposent de suivre rigoureusement, dans l'exécution, les termes dans lesquels elles sont conçues. Il résulte de-là que tous les états ne sont pas également bien disposés pour procéder dans l'affaire de la législation, & qu'ils ne doivent pas jouir du même bonheur soit à l'égard du complément, soit à l'égard de l'observation stricte de leur code civil.

Dans les démocraties, le citoyen se sentant en possession de la souveraineté, est moins empressé que le sujet des autres gouvernemens à faire éclaircir ses droits & à les fixer par des statuts formels. Il se fie sur sa propre force, sur l'appui de son parti & sur le sentiment du public.

Si le corps collectif exerce les fonctions de Juge, aussi-bien que celles de législateur, il est rare qu'il s'avise d'imaginer des formes pour diriger sa marche, & plus rare encore qu'il s'y assujettisse après qu'elles sont établies. La loi qu'il a faite en une occasion, il en dispense dans une autre; & en sa qualité de Juge, plus peut-être qu'en celle de législateur, il est conduit par des partialités & des passions qui naissent des circonstances de chacun des cas qui sont portés devant lui.

Dans les gouvernemens les plus simples d'une espece différente, soit aristocratiques, soit monarchiques, les loix sont d'une nécessité indispensable, & il y a une multiplicité d'intérêts différens qu'il est question d'accorder dans le dispositif de chaque statut. Le Souverain veut des regles expresses & promulguées pour mettre de l'ordre & de la stabilité dans l'administration. Le sujet veut connoître les conditions & les limites de sa soumission. Suivant que les termes dans lesquels il doit vivre avec son souverain ou avec ses concitoyens, sont ou ne sont pas conformes à l'idée qu'il a de ses droits, il est ou soumis ou révolté.

Lorsque la souveraineté réside dans la personne du Monarque ou dans le conseil des Nobles, ni l'un ni l'autre ne doit prétendre à gouverner ou à juger à discretion. Il n'y a point de magistrat, soit que sa charge soit héréditaire, soit que la durée en soit limitée, qui ne coure les plus grands risques, dès qu'il porte atteinte à la réputation de droiture & d'équité, à laquelle sont attachés principalement & son autorité &

le respect que l'on porte à sa personne.

Quoi qu'il en soit, les nations n'ont été heureuses à l'égard de la teneur & de l'exécution de leurs loix qu'autant qu'elles ont admis tous les ordres de l'état à influer, ou par des représentans, ou de quelque autre maniere, dans la confection actuelle de leur code. C'est dans ces sortes de constitutions que la loi est littéralement un traité consenti par les parties intéressées, qui donnent leur avis sur les termes mêmes dans lesquels elle est conçue. En faisant la loi, on consulte les intérêts qu'elle doit affecter; chaque classe propose ses objections, suggere une addition ou une correction pour son propre compte; tout sujet de contestation donne lieu à un statut qui en décide: & tant que la liberté subsiste, on ne cesse de multiplier les loix, & d'accumuler les volumes, comme s'il étoit possible de prévenir toute espece de différents, & comme si les droits de chacun n'étoient en sûreté que du moment qu'ils sont consignés par écrit.

Les Romains & les Anglois, sous leurs gouvernemens mixtes, l'un inclinant à la démocratie, l'autre à la monarchie, s'élevent au milieu des nations, comme les plus grands législateurs. Les premiers ont transmis au continent de l'Europe les fondemens & la plus grande partie de l'édifice de son code civil; les autres, dans leur isle, ont porté l'empire & le gouvernement de la loi à un degré de perfection dont on ne trouve point d'exemple dans l'histoire de l'humanité.

Sous de pareilles constitutions, les usages reconnus, la pratique constante & les décisions des cours de justice acquierent une autorité égale à celle des statuts positifs; il n'y a point de procédures, d'entreprises, de démarches qui ne soient assujetties à des formalités fixes & déterminées. Les mesures les plus efficaces &

les plus sages, y préviennent toute partialité dans l'application des regles aux cas particuliers; & c'est une chose à remarquer que chez les deux nations que nous avons citées pour exemples, il se trouve une conformité étonnante dans leurs systêmes particuliers de jurisdiction. Chez l'une & l'autre, le peuple s'est réservé en quelque sorte l'office de juge, en attribuant la décision des droits civils & des affaires criminelles au tribunal de pairs qui, en jugeant leurs concitoyens, s'imposent à eux-mêmes des conditions.

Après tout, ce ne sont pas les loix toutes seules qui peuvent garantir l'exacte dispensation de la justice; mais les puissances qui ont obtenu les loix, & dont l'appui constant est nécessaire pour les maintenir en vigueur. Des statuts sont bons pour servir de dépôt aux droits d'un peuple, & pour attester l'intention qu'ont eue les parties de défendre ce qui est exprimé dans la lettre de la loi; mais s'il n'existe une force suffisante pour faire exécuter ce qui est reconnu pour un droit, un simple titre, une intention sans soutien, ne sont pas d'un grand secours.

Souvent une populace soulevée par l'oppression, ou bien un ordre particulier de citoyens, profitant de l'avantage d'un moment, ont extorqué des chartes, des stipulations, des concessions favorables à leurs prétentions; mais toutes les fois que les choses n'avoient pas été préalablement disposées de maniere à en assurer la stabilité, ces titres écrits sont tombés dans l'oubli avec les conjonctures qui les avoient produits.

L'histoire d'Angleterre & celle de tout pays libre sont remplies d'exemples de statuts portés durant l'assemblée du peuple ou de ses représentans, qui sont restés sans effet, aussi-tôt que la couronne ou la puissance exécutrice ont été rendues à elles-mêmes. Les loix les plus équitables sur le papier, n'excluent pas le despotisme le plus absolu dans l'administration : la jurisdiction des jurés subsista en Angleterre durant le tems même que les cours de justice furent arbitraires & oppressives.

La vraie base de la liberté civile, c'est le statut qui force le secret de toutes les prisons, qui ordonne de révéler le sujet de tout emprisonnement & de produire la personne de l'accusé pour qu'il puisse, dans un temps préfix, obtenir son élargissement ou son jugement. Jamais on n'imagina de formalité plus sage pour prévenir les abus du pouvoir ; mais pour que l'effet en soit assuré, il ne faut pas moins qu'un édifice tel que l'ensemble de la constitution Britannique, & un esprit national, tel que l'amour inquiet & turbulent de ce peuple fortuné pour sa liberté.

S'il faut la vigueur & la jalousie d'un peuple libre ; s'il faut que chaque ordre de l'état jouisse d'un certain degré de considération, pour assurer la sécurité des personnes & la stabilité des propriétés, quoiqu'il soit si facile de bien définir ces deux points dans les termes d'un statut; à plus forte raison est-il impossible que ce que nous appellons liberté politique ou le droit de l'individu d'agir dans son poste, pour lui & pour le public, subsiste sans ce même fondement. Les formes de la procédure civile peuvent mettre hors d'atteinte les personnes & les biens; mais les droits de l'esprit & de l'ame, il n'y a que les forces de l'esprit & de l'ame qui puissent les défendre.

CHAPITRE VII.

De l'histoire des arts.

Nous avons déja observé que l'art est naturel à l'homme, & que tout ce qu'il acquiert d'habileté dans l'espace de plusieurs siecles, n'est que le dévelopement du talent qu'il possédoit dès les premiers temps. La hutte d'un Scythe offre aux yeux de Vitruve les élémens de l'architecture ; l'arc, la fronde & le cannot du sauvage présentent à l'armurier & au constructeur les productions originales de leurs métiers. L'historien même & le poëte pourroient trouver les premiers essais de leurs arts dans les légendes & les chansons où sont célébrés les guerres, les amours & les aventures des hommes dans l'état de société le plus grossier.

Destiné à cultiver sa propre nature & à améliorer sa situation, l'homme a un objet continuel d'application, d'industrie & de travail. Même dans les choses où il ne se propose en aucune maniere de perfectionner son être, ses facultés se fortifient par les exercices mêmes dans lesquels il semble s'oublier. Les affaires de la société occupent ainsi d'une façon profitable sa raison & ses affections; le besoin de se procurer sa subsistance & ses commodités, aiguillonne & développe son invention & son adresse ; ses occupations particulieres lui sont prescrites par les circonstances du temps & du pays où il vit : dans telle situation, c'est la guerre & les délibérations politiques ; dans telle autre, c'est le soin de son intérêt, de ses commodités, de son bien-être personnel qui attirent toute son attention. Il assortit ses moyens aux fins auxquelles il tend, & à force de tentatives, il parvient par degrés à la perfection des arts. A chaque pas qu'il fait, si son habileté s'accroît ; ses desirs ont aussi tout le temps de s'étendre : il seroit aussi inutile de lui suggérer une invention dont il dédaigneroit l'usage, que de lui parler d'un bonheur qui ne seroit pas à sa portée.

On suppose en général que les siecles ont emprunté de ceux qui les ont précédés, & que les nations ont tiré d'ailleurs ce qu'elles possedent d'art & de savoir ; on prétend que les Romains ont tout appris des Grecs, & les modernes d'Europe des Grecs & des Romains. Les Grecs avoient copié les Egyptiens, & les Egyptiens, quoique nous ayons perdu de vue le modele sur lequel ils s'étoient formés, ne furent eux-mêmes que des imitateurs. On outre cette opinion au point de ne rien admettre d'original dans les usages ni les moeurs d'aucun peuple.

C'est un fait incontestable que les hommes se perfectionnent par l'exemple & par la communication ; mais à l'égard des nations dont les membres s'excitent & se dirigent mutuellement, pourquoi chercher ailleurs l'origine de leurs arts ; puisque toute société en renferme en elle-même les germes, & qu'elle n'a besoin que d'occasions pour les mettre au jour. Aussitôt qu'une de ces occasions se présente à un peuple, il ne manque pas de la saisir ; & tant qu'elle dure, il ne cesse de perfectionner les inventions qu'elle a fait éclore chez lui, ou bien alors il imite volontiers celles des autres ; mais jamais il ne s'avise de prendre pour objet son application, ni d'aller chercher au-dehors des instructions sur des choses qui ne sont pas dans le cours de ses occupations ordinaires ; jamais il n'adopte un raffinement avant d'en avoir découvert l'utilité.

On répéte souvent que c'est le hasard qui produit les découvertes ; mais un hasard qui échappe à l'artiste dans un siecle, il est vraisemblable qu'il n'échappera pas à celui qui viendra après lui, & qui en aura mieux senti l'utilité. Toutes les fois que les conjonctures sont favorables &

& qu'un peuple fixe son attention sur quelque art, toutes les inventions qui y ont rapport, sont conservées, par la raison qu'elles deviennent des pratiques générales ; on étudie tous les modeles, & on analyse tous les hasards. Si réellement les nations empruntent de leurs voisins, il est probable qu'elles n'empruntent jamais que des choses qu'elles étoient sur la voie d'inventer bientôt elles-mêmes.

Il est donc rare qu'une pratique particuliere passe d'un pays dans un autre, à moins que le concours des mêmes circonstances ne lui en ait frayé le chemin. C'est pour cela que souvent nous déplorons l'engourdissement & l'opiniâtreté des hommes, en voyant avec quelle lenteur les arts se communiquent d'un pays à l'autre. Pendant que les Romains adoptoient les arts de la Gréce, les Thraces & les Illyriens continuerent à les regarder d'un oeil indifférent. Durant un certain période, ces arts ne franchirent point les limites des colonies Grecques ; durant un autre, ils resterent confinés dans l'étendue des colonies Romaines. Et même dans les contrées où ils se répandirent par une communication visible, il y eut des nations indépendantes chez qui il fallut autant de temps pour les naturaliser, qu'il en eût fallu pour les inventer. A Rome, leurs progrès ne furent pas plus rapides qu'ils ne l'avoient été à Athenes ; & ils ne passerent aux extrêmités de l'empire Romain, qu'avec de nouvelles colonies, & conjointement avec la police envoyée d'Italie,

Les races modernes qui vinrent s'emparer de ces provinces cultivées, ne pratiquerent que les arts qu'ils avoient connus chez eux : ces nouveaux maîtres se bornerent à faire la chasse du sanglier, ou à nourrir des troupeaux dans des contrées qui pouvoient leur donner d'abondantes récoltes. Ils construisirent des cabanes à la vue d'un palais : les édifices du peuple vaincu, les chefs-d'œuvre de peinture, de ſeulpture, & les bibliothéques, furent enſevelis ſous les mêmes ruines : des barbares formerent un nouvel établiſſement ſur un plan barbare : alors la carriere fut rouverte à l'invention ; & à cette diſtance, on n'avoit garde de prévoir à quels termes les premiers efforts conduiroient un jour les générations ſuivantes. Il arriva aux nouveaux habitans ce qui étoit arrivé à ceux qui les avoient précédés ; ils agrandirent peu à peu les dimenſions de leurs chaumieres ; les édifices publics acquirent de la magnificence dans un goût nouveau. Et ce goût fut avec le temps proſcrit à ſon tour ; les peuples de l'Europe recoururent aux modeles que leurs peres avoient détruits, & pleurerent ſur les ruines qu'ils n'étoient pas en état de relever.

Après que le génie original des nations modernes eut pris l'eſſor, on étudia, on imita les débris de la littérature ancienne ; les eſſais informes de poësie des Italiens & des Provençaux, ressemblent à ceux des Grecs & des anciens Romains, Quelles eussent été nos productions ? à quel degré de mérite seroient-elles parvenues, si destituées de modeles, elles se fussent perfectionnées successivement ? Avons-nous plus gagné à imiter, que nous n'avons perdu à nous éloigner du systême original de nos idées, de notre tour d'esprit, de notre goût de fiction naturels ? Ce sont là des questions qu'il faut abandonner aux conjectures. Il est certain que nous devons aux anciens les matériaux aussi-bien que la forme de plusieurs de nos compositions, & que si nous ne les avions pas imités, notre goût de litterature, notre police & nos moeurs auroient un caractere tout différent de celui qu'ils ont aujourd'hui. Cependant, quelle que soit cette empreinte d'origine Grecque que portent la littérature Romaine & la moderne, on peut assurer avec confiance que ni les Romains, ni les modernes n'eussent point été puiser à cette source, s'ils n'eussent été occupés à ouvrir chez eux des sources semblables.

L'imagination & le sentiment, l'usage de la tête & des mains, ne sont pas des inventions de quelques hommes en particulier; l'état florissant des arts qui en dépendent, est par rapport à un peuple, une marque de félicité politique dans son intérieur, plutôt qu'il ne prouve des lumieres empruntées d'ailleurs, ou une supériorité naturelle en fait de talens & d'industrie.

Lorsque les esprits sont tournés vers un objet particulier, que les progrès d'un âge passent dans leur entier à l'âge qui succede, que chaque individu est protégé dans sa place, & qu'il peut suivre librement les suggestions de ses besoins, les découvertes se multiplient; & il seroit difficile d'assigner positivement l'original d'aucun art. Les pas qui aboutissent à la perfection, sont infinis en nombre ; & nous sommes embarrassés de prononcer lequel mérite le plus nos éloges, de celui qui a ouvert la carriere, ou de celui qui est arrivé au dernier terme.

CHAPITRE VIII.

De l'histoire de la littérature.

SI l'on peut faire quelque fond sur les observations générales contenues dans le Chapitre précédent, il s'ensuit que les lettres, aussi-bien que les arts méchaniques, étant un produit naturel de l'esprit humain, ils doivent naître d'eux-mêmes partout où les hommes se trouvent dans une situation heureuse; & que, relativement à certaines nations, il est aussi inutile d'aller chercher hors de chez elles l'origine de leurs connoissances, que l'idée des plaisirs & des exercices auxquels l'espece humaine est suffisamment portée par elle-même à se livrer, dès qu'elle jouit de la liberté & d'un sort prospere.

Il est assez ordinaire de regarder les arts comme des accessoires fortuits & étrangers à la nature de l'homme : mais y a-t-il un seul art qui n'ait sa place dans la vie humaine, & qui ne s'offre de lui-même dans quelques-unes des diverses situations où se trouve notre espece, comme un moyen de parvenir à quelque fin utile. L'amour de la propriété produisit les arts méchaniques & de commerce : le desir de la sûreté & du gain en étendit les progrès : les arts littéraires & libéraux prirent naissance dans l'entendement, dans l'imagination, & dans le coeur. Ce sont de purs exercices de l'esprit qui cherche les occupations & les plaisirs qui lui sont propres; ils sont encouragés par des circonstances qui permettent à l'esprit de jouir de lui-même.

Les hommes sont également intéressés par le passé, le présent & l'avenir; ils sont disposés à se porter à toute espece d'occupation capable de mettre en jeu leurs facultés. Aussi les productions dans le genre de la narration, de la fiction, ou du raiſonnement, qui tendent à enflammer l'imagination ou à remuer le cœur, ont-elles été regardées dans tous les temps, comme un ſujet digne d'attention, & comme une ſource d'amuſement. Le ſouvenir des événemens humains, conſervé par tradition ou par écrit, eſt l'aliment naturel d'une paſſion mêlée de curioſité, d'admiration & d'amour du plaiſir.

Avant que l'on ait écrit beaucoup de livres, & que la ſcience ait fait de grands progrès, il y a quelquefois des productions du ſeul génie qui ne laiſſent rien à deſirer : l'auteur n'a pas beſoin d'inſtruction, lorſque ſes récits ou ſes deſcriptions ne renferment que des objets récens, voiſins & familiers ; lorſqu'il expoſe la conduite & le caractere d'hommes avec leſquels il a agi lui-même, & dont il a partagé les occupations & la fortune.

Tel eſt l'avantage du poëte : auſſi eſt-il le premier à offrir les fruits de son génie, & à ouvrir la carriere des arts où l'esprit est à portée d'exprimer les passions de l'ame, & de faire briller l'imagination. Il n'y a pas de tribu de barbares qui n'ait ses rimes passionnées ou historiques; elles respirent la superstition, l'enthousiasme & l'admiration de la gloire qui dominent les hommes dans les premiers périodes de société. Ils font leurs délices des compositions en vers, soit parce que le nombre & la cadence sont le langage naturel du sentiment, soit parce que, privés de l'écriture, ils sont obligés de faire venir l'oreille au secours de la mémoire, pour procurer de la durée à leurs productions, en les rendant plus faciles à retenir & à répéter.

Quand on considere le langage qu'employent les sauvages dans les occasions solemnelles, on voit que l'homme est poëte par nature. Soit que d'abord ce soit un pur effet de la pauvreté de la langue & du défaut d'expressions propres, soit que l'ima-

gination se plaise à montrer l'analogie des objets, ses conceptions se produisent revêtues d'images & de métaphores. « Nous avons planté l'ar-
» bre de paix, » dit un Orateur Américain : » nous avons enterré la hache
» sous ses racines ; nous nous repo-
» serons désormais sous son ombra-
» ge ; nous nous joindrons pour éten-
» dre la chaîne qui unit nos nations ».
Telles sont les métaphores accumulées dont les harangues publiques de ces peuples sont remplies. Aussi ont-ils adopté promptement ces figures vives, cette liberté & cette hardiesse de style que, dans la suite, les hommes instruits ont jugées si propres à exprimer les transitions rapides de l'imagination, & les mouvemens d'une ame passionnée.

Si on veut que nous expliquions comment il se peut faire qu'il y ait des poëtes & des orateurs avant qu'il y ait un art, des regles, une critique pour les guider ? nous demanderons à notre tour, comment les corps pouvoient tomber par leur poids; avant qu'on eût rassemblé dans des livres les loix de la gravitation? L'esprit a ses loix aussi-bien que les corps; ces loix se manifestent par leurs effets dans les productions des hommes, & ce n'est qu'après que l'exemple a montré qu'elles existent, que le savant les rassemble.

C'est, selon toute apparence, le rapport physique qui existe, comme nous l'avons observé, entre les émotions d'une imagination enflammée, & les impressions que produisent la musique & les sons pathétiques, qui est la cause que, chez les peuples grossiers, toute espece de conte est en vers, & a la forme d'une chanson. L'histoire ancienne de toutes les nations est uniforme sur ce point. Les prêtres, les législateurs, les philosophes, dans les premiers âges de la Gréce, donnerent leurs instructions en vers, & y joignirent le charme de la musique & des fictions héroïques.

Que la poësie soit le premier genre de composition chez tous les peuples, c'est une chose bien moins surprenante que de voir un style si difficile en apparence, & si éloigné de l'usage ordinaire, être presque aussi universellement le premier qui parvient à sa maturité. Le plus admiré des poëtes vécut avant les temps de l'histoire, & pour ainsi dire, avant les temps de la tradition. Les chansons sans art du sauvage, les légendes héroïques des Bardes ont quelquefois une beauté, une pompe, à laquelle la perfection du langage ne pourroit rien ajouter, & où la critique la plus raffinée ne trouveroit rien à réformer.

Si le poëte, dans ces temps de simplicité, a quelque désavantage par rapport à la sphere étroite de ses connoissances, & à la grossiereté de son imagination, ses impressions ont plus qu'il ne faut pour compenser son peu d'habileté. Les plus beaux sujets de poësie, les caracteres de l'homme violent, de l'homme généreux, les prodiges de bravoure & d'intrépidité, les grands dangers, les efforts extraordinaires de courage, de constance, de fidélité, d'attachement, il les a sous ses yeux, ou bien ils lui sont offerts dans des traditions aussi vivantes, aussi animées, que la vérité elle-même; parce qu'elles sont crues à l'égal de la vérité. Il n'est pas obligé, comme Virgile ou le Tasse, de se transporter dans un âge éloigné du sien, pour se figurer les sentimens & l'état de choses qui appartiennent à cet âge. Il n'a pas besoin que le critique (a) lui crie de bien examiner ce qu'un autre auroit pensé, & de quelle maniere il se seroit exprimé. Les passions simples, l'amitié, le ressentiment & l'amour sont des affections qui lui sont familieres; son modele est dans son coeur. Simple & véhément; il ne connoît pas deux

(b) Longin.

manieres de penser ou de s'exprimer, propres à exercer ou à égarer son discernement. Il rend les émotions du cœur avec les termes dictés par le cœur : il n'en existe pas d'autres pour lui. C'est pour cela que les éloges que l'on fait de Virgile & des autres poëtes postérieurs, relativement au mérite de l'invention, à la justesse du goût, à la sagacité, paroissent déplacés, quand on les applique à Homere. Quoique, dans ses conceptions, le discernement soit égal à la sublimité, nous ne pouvons remonter au-delà de son tems, & nous ne voyons pas de lumiere qui ait devancé le flambeau de son génie, & le feu divin de son ame. Ce qui est invention dans les autres, est en lui une inspiration, & l'on s'apperçoit que c'est moins la réflexion qu'un instinct surnaturel, qui a présidé au choix de ses pensées & de ses expressions.

Le langage des anciens temps, simple & borné sous un point de vue, a, sous un autre, de la liberté & de la variété : il permet aux poëtes des licences qu'on lui refuse dans des temps plus avancés.

Dans les âges grossiers, les hommes ne sont point séparés par les distinctions des rangs & des professions. Ils ont tous la même maniere de vivre, & parlent un même dialecte. Le Barde n'est point obligé de choisir son expression parmi les tons différens de différentes conditions. Il n'a pas à préserver sa diction des vices de langage particuliers à l'artisan ou au paysan, au savant & à l'homme de cour, pour se faire ce degré précis d'élégance & d'élévation, également exempt de ce que les uns ont de bas & de trivial, les autres de pédantesque ; & les derniers de maniéré. Chaque objet, chaque sentiment a son mot propre fixé invariablement ; & si sa pensée a la dignité de la nature, son expression aura une pureté qui ne peut dépendre de son choix.

S'il paroît resserré à l'égard du

choix des termes, en revanche il est maître de s'affranchir des modes ordinaires de construction; & dans la forme d'un langage flexible, qui n'est point borné par des regles, il lui est facile de trouver un rithme, un nombre analogues au ton de son esprit. Si sa pensée est frappante & sa diction élevée, les libertés qu'il prend, paroissent des beautés, & non pas des fautes contre la grammaire. Son style passe aux âges qui suivent, comme un modele, d'après lequel la postérité forme ses jugemens.

Mais, quel que soit le penchant des hommes pour la poësie dès les premiers temps, quelques avantages qu'ils ayent pour réussir dans ce genre de littérature; soit que les compositions poëtiques n'arrivent les premieres à la perfection que parce qu'elles sont les premieres cultivées, ou soit que la poësie ait un attrait particulier pour les imaginations vives, qui sont aussi les plus propres à perfectionner l'éloquence de leur langue naturelle ; c'est un fait remarquable que non-seulement dans les pays où tous les genres de composition sont indigenes, & nés suivant l'ordre de la progression naturelle ; mais même à Rome & dans l'Europe moderne, où ils ne furent introduits que d'après des modeles étrangers, on trouve dans toutes les langues des poëtes qui se lisent avec plaisir, tandis que les prosateurs contemporains ne méritent aucune attention.

Dans la Gréce, Sophocles & Euripides précéderent les historiens & les moralistes. Chez les Latins, non-seulement Noevius & Ennius qui écrivirent en vers l'histoire Romaine, mais Lucilius, Plaute, Térence, nous pourrions ajouter Lucrece lui-même, furent antérieurs à Cicéron, à Saluste & à César. L'Italie faisoit ses délices du Dante & de Pétrarque, avant qu'elle eût un seul bon écrivain en prose ; Corneille & Racine en France, ouvrent le beau siecle des compositions en prose par

l'Angleterre avoit non-seulement Chaucer & Spenser, mais encore Shakespear & Milton, tandis que ses essais en fait d'histoire & de science étoient encore dans l'enfance, & ne méritent quelque considération, que par rapport aux matieres qui en font l'objet.

Hillanicus que l'on compte parmi les premiers prosateurs Grecs, & qui précéda immédiatement Hérodote ou fut son contemporain, débute par déclarer que son dessein est de bannir de l'histoire les peintures bizarres & les fictions extravagantes dont les poëtes l'avoient défigurée (*a*). Le défaut de mémoires ou de traditions authentiques concernant les evénemens anciens, fut sans doute cause que l'histoire dans ses mains, aussi-bien que dans celles de son successeur immédiat, ne gagna pas tout ce qu'elle pouvoit gagner à passer des vers à la prose. Cependant, en suivant

(*a*) Il est cité par Démétrius de Phalere.

le cours des progrès de la société, il arrive des âges où une annonce telle que celle de cet écrivain, peut être reçue favorablement. Aussi-tôt que les hommes ont commencé à s'occuper des matieres de police, des arts & de commerce, ils veulent être éclairés & instruits, aussi-bien que remués. Ce qu'il y a de réel dans les événemens passés, les intéresse ; c'est-là la base sur laquelle ils appuyent leurs réflexions, & les raisonnemens qu'ils appliquent aux affaires présentes ; ils sont avides d'apprendre ce qui a rapport aux objets & aux entreprises qui commencent à attirer leur attention. Les mœurs des hommes, les usages de la vie commune, & la forme de la société, offrent une vaste carriere au moraliste & au politique. Le naturel, la justesse du sentiment, la vérité des peintures, quoiqu'exprimés dans le langage ordinaire, sont reconnus pour le mérite littéraire ; & comme les ouvrages de ce genre parlent à la raison plus qu'à l'imagination & aux passions, ils sont accueillis avec l'estime due à l'instruction qu'ils renferment.

Les talens étendent successivement leur ressort; ils s'appliquent à toute sorte d'affaires; les recherches embrassent tous les objets. Le savoir devient essentiel dans tous les départemens de la société civile; il devient indispensable pour la pratique de tous les arts. La science de la nature, la morale, la politique, l'histoire, ont chacune leurs admirateurs. La poësie elle-même qui conserve toujours son ancien poste dans les régions ardentes de l'imagination, de l'enthousiasme & des passions, agrandit aussi sa sphere, & multiplie à l'infini les formes sous lesquelles elle se montre.

Telle est la marche des choses, sans le secours de modeles étrangers, ou des préceptes de l'école. La charrette de Tespis est changée en un théâtre; ce n'est pas pour satisfaire le goût de personnes instruites, mais pour plaire à la populace Athénienne : & c'est cette même populace qui décide du prix de poësie avant, aussi-bien qu'après l'invention des regles. Les Grecs ne savoient d'autre langue que la leur ; s'ils devinrent savans, ce fut en étudiant leurs propres productions. La mythologie puérile que l'on prétend qu'ils avoient empruntée de l'Asie, ne put contribuer que foiblement à exciter en eux l'amour des arts ; & eut bien peu de part aux succès avec lesquels ils les cultiverent.

L'historien est frappé des événemens qu'il entend raconter, ou dont il a été témoin lui-même ; ses réflexions ou ses passions le portent à les écrire ; l'homme d'état est obligé de parler en public : il prépare des harangues étudiées pour les occasions d'apparat ; la conversation devient plus étendue, plus variée, plus pensée ; on écrit les réflexions & les sentimens relatifs à la vie sociale ; alors du mouvement d'une vie agissante, il naît un systême de connoissances

C'est la société elle-même qui est l'école ; & c'est dans le train des affaires réelles qu'elle donne ses leçons. Un Auteur écrit d'après les observations qu'il a été à portée de faire, & non d'après les idées qu'il a puisées dans les livres ; ses productions portent l'empreinte de son caractere, en sa qualité d'homme, & ne montrent pas simplement quels progrès il a faits en qualité de savant. On pourroit mettre en question si, en cherchant à s'instruire à travers les difficultés de langues inconnues, & l'obscurité d'allusions étrangeres ; en s'attachant à suivre des modeles éloignés de lui, il n'eût point éteint le feu de son génie, & s'il n'eût pas été un écrivain d'une classe fort inférieure.

Si de cette maniere on peut considérer la société comme l'école de la littérature, il est à présumer que ses leçons sont variées selon les lieux & les siecles. Durant un certain période, l'application exclusive du peuple Romain à la police & à la guerre, ferma l'accès aux lettres, & étouffa jusqu'au génie du poëte & de l'historien. Les institutions de Sparte professoient ouvertement le mépris pour tout ce qui n'étoit pas lié aux vertus pratiques d'un esprit mâle & & courageux. On n'y faisoit pas plus de cas des charmes de l'imagination & des ornemens du langage, que des talens du cuisinier & du parfumeur : quelques écrivains font mention des chansons des Lacédémoniens, en l'honneur de la fermeté d'ame ; nous avons des recueils de leurs reparties & de leurs mots ingénieux : ces monumens indiquent les vertus & les talens d'un peuple actif, & non leurs progrès dans les sciences & le goût des lettres. Possédant, dans les qualités du cœur, ce qui étoit essentiel à leur bonheur, ils savoient en sentir tout le prix, & dédaignoient les objets sans nombre entre lesquels les hommes en général s'occupent à partager leur estime attachés

attachés exclusivement à leurs vues particulieres, ils firent divorce avec les folies de l'espece humaine. Un homme dans un âge avancé s'occupoit encore à disputer sur la nature de la vertu : « quand donc commencerez-vous à la pratiquer ? » lui dit un Spartiate.

Tandis que Sparte bornoit toute son étude à un seul point, c'est-à-dire aux moyens d'augmenter & de conserver dans le coeur de ses citoyens le courage & le désintéressement : Athenes sa rivale donnoit carriere au raffinement sur tous les objets de passion & de réflexion. Là célébrité & les largesses, récompenses assurées aux efforts de tous les talens qui tendoient à perfectionner les jouissances, les commodités & les embellissemens de la vie ; la différence des conditions & l'inégalité des fortunes parmi ses citoyens ; les objets de ses guerres, sa politique, son commerce, ses arts lucratifs, tout conspiroit à mettre en activité ce qu'il y a de bon & de pernicieux dans les penchans naturels des hommes. Tous les chemins étoient ouverts aux distinctions en tout genre : l'éloquence, la bravoure, les talens militaires, les détours de l'envie, la détraction, l'intrigue, la trahison, les Muses elles-mêmes, tout étoit employé, tout servoit à acquérir de l'importance chez ce peuple ingénieux, inquiet & remuant.

Cet exemple pourroit nous autoriser à conclure avec assez de vraisemblance que, quoique les affaires soient quelquefois rivales de l'étude, cependant la tranquillité, le loisir & la retraite ne sont pas l'état le plus favorable aux progrès, peut-être même à la culture des talens littéraires. Les productions les plus éclatantes de l'imagination & du sentiment ont nécessairement rapport à l'humanité: c'est la présence & le commerce des hommes qui les inspirent : jamais l'esprit ne montre plus de vigueur que quand il est aiguillonné par ses principaux mobiles, l'émulation, l'amitié & l'opposition qui regnent chez un peuple avancé & florissant, animé par toutes les sortes d'ambition. Dans ces grandes conjonctures qui donnent le branle à une société libre même jusqu'à la licence, ses membres deviennent capables des plus grands efforts en tout genre; le même ordre de choses qui offrit un théâtre de gloire à Thémistocles & à Thrasybule, échauffa par contagion le génie de Sophocles & de Platon. L'homme impétueux & l'homme prudent y trouvent également à se signaler; & les monumens littéraires deviennent le dépôt des vices & des sottises, aussi-bien que de la sagesse & des vertus.

La Gréce partagée en plusieurs petits états, & agitée plus que ne le fut jamais aucun coin du globe par des dissentions intestines & par des guerres extérieures, donna cependant des modeles dans tous les genres de littérature. Lorsque ce beau feu se communiqua à Rome, l'état n'avoit pas cessé d'être guerrier, ni d'être travaillé par des troubles politiques; mais il avoit associé aux autres mobiles nationaux l'amour du raffinement & du plaisir; & le penchant pour l'étude se déploya au milieu de la fermentation & du tumulte occasionnés par les guerres & par les prétentions des partis opposés. Dans l'Europe moderne, ce fut au milieu des troubles de l'Italie que ce feu se ralluma; il pénétra dans le Nord, & se répandit avec le même esprit qui renversa l'édifice de la police gothique: il éclata au milieu des partis formés sous des dénominations civiles & religieuses, dans la chaleur des disputes sur les matieres réputées les plus importantes, parce qu'elles étoient sacrées.

L'expérience de plusieurs siecles prouve assez que les faveurs versées sur des sociétés savantes, & le loisir dont elles jouissent pour se livrer à l'étude, ne sont pas les moyens les plus sûrs pour féconder le génie. Les ſciences elles-mêmes qui ſont regardées plus particuliérement comme les fruits du loiſir, ſont-elles bien floriſſantes dans l'ombre des cloîtres? Des hommes vivans loin des objets dont la connoiſſance eſt utile, inſenſibles aux motifs qui animent un eſprit actif & vigoureux, n'étoient propres à produire que le jargon technique, les formes académiques, & les impertinences de la ſcholaſtique.

Pour être en état d'obſerver la nature, pour en parler, pour en écrire avec juſteſſe, il faut avoir éprouvé les ſentimens de la nature. L'homme qui a de la chaleur & de la pénétration dans la conduite de la vie, il eſt probable que, s'il vient à s'eſſayer dans les lettres, il y portera la même force & la même ſagacité. Quoique l'art d'écrire devienne un métier, & demande autant d'application & d'étude que les autres profeſſions, il n'en eſt pas moins vrai que les qualités les plus néceſſaires pour y réuſsir, sont la chaleur & la sensibilité d'une ame vigoureuse.

Dans un certain période, c'est de la vie active que l'école tire ses lumieres & ses instructions; mais il faut convenir que dans un autre, lorsque l'activité génerale s'est rallentie, ce qui reste de vigueur a grand besoin, pour se soutenir, des monumens littéraires & de l'histoire des événemens qui offrent des exemples & l'expérience de temps plus heureux. Au reste, de quelque maniere que les hommes parviennent à être capables des grands efforts de conduite, ou des grands effets de l'éloquence, la plus funeste des erreurs est de croire que c'est l'étude & la spéculation qui forment le caractere humain, & de négliger les qualités du coeur, la fermeté d'ame, l'affection publique, qui sont si nécessaires pour rendre nos connoissances utiles, & pour les faire servir au bonheur.

Fin de la troisieme Partie.

ESSAI
SUR
L'HISTOIRE
DE LA
SOCIÉTÉ CIVILE.

QUATRIEME PARTIE.

Des conséquences qui résultent des progrès des Arts civils & des Arts relatifs au Commerce.

CHAPITRE PREMIER.

De la séparation des arts & des professions.

IL est évident qu'un peuple, quoiqu'il soit pressé par l'aiguillon de la nécessité, par le desir du bien-être,

& qu'il soit encouragé par des avantages résultans de sa position & de sa police, ne peut faire de grands progrès dans les arts de la vie, jusqu'à ce qu'il ait séparé & départi à différentes personnes les différentes tâches, qui demandent une attention & une adresse particulieres. Le sauvage ou le barbare, obligé de bâtir, de cultiver, de fabriquer pour son propre usage, aime mieux passer dans l'oisiveté les intervalles que lui laissent les guerres & les alarmes, que de travailler à améliorer sa situation; c'est peut-être que son industrie est découragée par la diversité de ses besoins, ou que son attention trop partagée ne peut suffire pour acquérir de l'habileté dans aucune espece de travail.

Cependant, la durée de la paix & l'espérance d'échanger une chose pour une autre, transforment insensiblement le chasseur & le guerrier en artisan & en commerçant. Les hasards qui distribuent inégalement les moyens de subsistance, l'inclination, des circonstances favorables, décident les hommes à embrasser des occupations différentes, & le sentiment de l'utilité les conduit, sans dessein prémédité de leur part, à subdiviser leurs professions.

L'artiste éprouve que plus il peut resserrer son attention, & la borner à une partie de quelqu'ouvrage, plus son travail est parfait, & plus il augmente la quantité de ses productions. Tout entrepreneur de manufacture s'apperçoit que ses frais diminuent, & que ses profits croissent à mesure qu'il subdivise les tâches de ses ouvriers, & qu'il emploie un plus grand nombre de mains à chacun des détails de l'ouvrage. Le consommateur, de son côté, exige dans les marchandises une exécution plus parfaite qu'on ne pourroit l'obtenir de mains employées à plusieurs sortes de travail; & de cette maniere, la progression du commerce n'est qu'une subdivision continuée des arts méchaniques.

Tout métier demande l'attention entiere d'un homme, & a ses mysteres qu'il faut étudier, & qui ne s'apprennent que par un apprentissage régulier. Des nations vouées à l'industrie en viennent au point d'être composées de membres qui, excepté leur métier, sont de la plus grande ignorance sur toutes les choses de la vie, & qui, sans songer aux intérêts de l'état, sans s'en embarrasser, travaillent à sa conservation & à son agrandissement. Chaque individu est distingué par sa profession, & occupe la place à laquelle il est propre. Le sauvage qui ne connoît de distinction que celle du mérite, celle de son sexe ou de son espece, & pour qui sa communauté est le suprême objet d'affection, est étonné de voir que, sur un théâtre de cette espece, sa qualité d'homme ne le mette en état de jouer aucun rôle que ce soit : il fuit vers les forêts avec une surprise mêlée de chagrin, de dégoût & d'indignation.

La séparation des arts & des professions ouvre les sources de la richesse : toute espece de matiere est travaillée dans la plus grande perfection, & toutes les denrées sont produites dans la plus grande abondance. L'état peut estimer ses profits & ses revenus d'après le nombre de ses habitans. Il peut se procurer, par ses trésors, la considération & la puissance nationales, que le sauvage achete au prix de son sang.

Cette méthode qui produit de si grands avantages dans ce qui regarde l'industrie, s'applique avec un égal succès, aux objets d'une plus haute importance, aux divers départemens de la police & de la guerre. Le soldat est dispensé de tous autres soins que ceux de son service ; l'homme d'état partage & subdivise le travail du gouvernement civil ; les agens employés dans les différens offices, remplissent leur portion, sans avoir besoin d'une grande connoissance des affaires d'état, en suivant simpleplement des formes établies d'après l'expérience ; ils sont comme les pieces d'une machine qui concourent à une même fin, sans qu'il y ait de l'intelligence & du concert de leur part. Semblables à l'ouvrier qui fournit sa tâche sans comprendre le méchanisme général de la fabrication, ils s'accordent & contribuent, comme lui, à donner à l'état ses ressources, sa marche & ses forces.

On attribue à la sagesse de la nature l'industrie du castor, de l'abeille & de la fourmi. On fait honneur aux nations policées de leurs inventions, & on les regarde comme la preuve d'une capacité supérieure à celle de la nature inculte. Mais ces inventions ne leur sont-elles pas suggérées par la nature, comme celles de tous les animaux ? ne sont-elles pas le produit de l'instinct, dirigé par les diverses situations dans lesquelles l'espece humaine se trouve placée ? Tous les établissemens n'ont-ils pas été formés par des perfectionnemens ſucceſſifs, dont on ne prévoyoit pas l'effet général dans le temps qu'on les fit? C'eſt ainſi que les choſes en ſont venues à un tel degré de complication que toute la capacité dont la nature humaine fut jamais capable, n'eût pu ſeulement en concevoir le projet, & que nous ne pouvons même encore en embraſſer toute l'étendue, maintenant qu'elle exiſte & s'exécute ſous nos yeux.

Qui eût pu ſeulement prévoir, ou qui pourroit nombrer les occupations diverſes & les profeſſions qui diſtinguent les membres d'un état commerçant? les méthodes, les moyens, les procédés qui ſe pratiquent dans chaque attelier, que l'artiſte attentif à ſa propre affaire, a inventés pour abréger ou faciliter ſon travail particulier? En avançant vers ce haut degré d'induſtrie, chaque génération a dû paroître inventive & féconde en comparaiſon des générations précédentes; comparée aux générations ſuivantes, elle a dû paroître stérile & tardive : à quelque hauteur que s'éleve l'invention humaine, par la succession des siecles, elle continue à marcher avec la même tranquillité ; c'est en se traînant qu'elle fait les derniers, aussi-bien que les premiers pas dans la carriere de la civilisation & de l'industrie.

Il y auroit même lieu de douter si la capacité générale d'une nation croît en proportion du progrès des arts. Plusieurs arts méchaniques n'exigent aucune capacité ; ils réussissent parfaitement, lorsqu'ils sont totalement destitués des secours de la raison & du sentiment ; & l'ignorance est la mere de l'industrie, aussi-bien que de la superstition. La réflexion & l'imagination sont sujettes à s'égarer ; mais l'habitude de mouvoir le pied ou la main ne dépend ni de l'une ni de l'autre. Ainsi, on pourroit dire que la perfection, à l'égard des manufactures, consiste à pouvoir se passer de l'esprit, de maniere que, sans effort de tête, l'attelier puisse être considéré comme une machine dont les parties sont des hommes.

Le sauvage avoit abattu des forêts avant de connoître l'usage de la hache, & l'on avoit élevé de grands poids sans avoir les ressources de la méchanique. En tout genre, il y a plus de mérite à inventer qu'à exécuter; celui qui invente un outil, ou qui sait s'en passer, prouve bien plus d'habileté que l'ouvrier qui avec ce secours produit un ouvrage plus parfait.

Mais, si dans la pratique de tout art, & dans le détail de tout département, il y a plusieurs parties qui n'exigent aucun talent, ou même qui sont propres à retrécir & à borner l'esprit, il y en a d'autres qui menent à des réflexions générales, & agrandissent le ressort de la pensée. En fait d'industrie même, le manufacturier peut avoir l'esprit cultivé, tandis que celui de l'ouvrier subalterne reste en friche. L'homme d'état peut avoir un génie vaste & une profond connoissance des affaires, tandis que les instrumens qu'il emploie, ignorent jusqu'au systême dans la combinaison duquel ils sont compris eux-mêmes. L'officier général peut être très-habile dans l'art de la guerre, tandis que tout le mérite du soldat se borne à exécuter quelques mouvemens du pied & de la main. L'un peut avoir gagné ce que l'autre a perdu ; ayant à diriger les opérations d'une armée disciplinée, il pratique en grand les ruses & tous les moyens d'attaque & de défense que le sauvage emploie à la tête d'une petite troupe, ou seulement pour sa propre conservation.

Dans tous les arts, dans toutes les professions, les personnes vouées à la pratique fournissent aux savans matiere à des spéculations générales; & l'art de penser, dans un période où tout est séparé, peut lui-même former un métier particulier. Au milieu de cette multiplicité d'objets &

d'occupations entre lesquels la société se partage, les hommes se montrent sous une infinité de jours différens, & offrent une ample matiere à l'imagination & à l'esprit d'observation; la conversation en devient plus animée, plus intéressante, & d'un ressort plus étendu. Les productions des talens sont exposées en vente; on s'empresse de payer tout ce qui tend à instruire ou à amuser. Par ce moyen l'homme oisif, aussi-bien que l'homme laborieux, contribue à accélérer le progrès des arts & à donner aux nations policées cet air de supériorité, avec lequel elles paroissent avoir atteint aux fins après lesquelles couroit le sauvage dans ses forêts, le savoir, l'ordre & la richesse.

CHAPITRE II.

De la subordination qui suit de la séparation des arts & des professionss.

LA premiere cause de subordination vient de la différence des talens & des dispositions naturelles ; la seconde, de l'inégalité dans le partage de la propriété ; & la troisieme qui n'est pas moins sensible, résulte des habitudes qui se contractent par la pratique des différens arts.

Certaines occupations sont libérales, d'autres sont méchaniques. Elles exigent des talens & inspirent des sentimens différens ; & soit que cela soit ou ne soit pas la raison qui fait préférer les unes aux autres, il est juste de proportionner l'estime & le rang dûs à des hommes qui exercent certains emplois & certaines professions, à l'influence que leur genre de vie a réellement sur la culture de leur esprit & sur leur façon de penser.

Il y a une élévation d'ame naturelle à l'homme qui lui fait desirer qu'on croye que, même dans l'état le plus grossier, & au milieu des instigations pressantes de la nécessité, il sait s'élever au-dessus des motifs de l'intérêt, & même au-dessus du besoin & du soin de sa subsistance. Dans les liaisons d'amitié, dans les oppositions dans lesquelles il est engagé, il veut paroître ne suivre que les mouvemens de son coeur; il voudroit ne se montrer que dans les occasions difficiles & périlleuses, & laisser les soins ordinaires aux ames foibles & serviles.

Dans toutes les situations, c'est cette maniere d'envisager les choses qui régle ses notions touchant la bassesse ou la dignité. Dans la société policée, la crainte qu'il a d'être soupçonné d'inclinations sordides lui fait cacher le soin qu'il prend de tout ce qui n'a pour objet que sa conservation & son entretien. Selon ses idées, le mendiant qui se met à la merci de la charité ; le laboureur qui travaille pour vivre ; l'artisan dont le métier ne demande aucun génie, sont dégradés par le but auquel ils tendent, & par les moyens qu'ils emploient pour y arriver. Les professions qui exigent plus d'instruction & d'étude ; qui tiennent à l'imagination & à l'amour de la perfection ; qui produisent de la gloire & des applaudissemens, aussi-bien que du profit, placent l'artiste dans une classe supérieure, & l'approchent plus près du degré où les hommes sont censés le plus élevés ; cette différence vient de ce que dans ces professions il n'est point à la tâche ; qu'il a la liberté de suivre son penchant & ses idées, & de jouer dans la société le rôle auquel il est appellé par les sentimens de son coeur, ou par l'opinion publique.

C'est ce dernier rang qu'ont tâché d'obtenir & de conserver les citoyens de toutes les républiques anciennes ; où existoit la distinction d'hommes libres & d'esclaves. Dans les temps les plus reculés, les femmes ou les esclaves furent consacrés au service domestique & au travail de corps; après l'introduction des arts lucratifs, ces derniers apprirent les professions méchaniques, ils avoient même l'administration des marchandises au profit de leurs maîtres. Les hommes libres vouloient être réputés n'avoir d'autres objets d'occupation que la politique & la guerre. Dans ce systême, l'honneur d'une moitié de l'espece étoit sacrifié à l'orgueil de l'autre; il en étoit des hommes comme des pierres tirées d'une même carriere, dont les unes sont ensevelies dans les fondations pour supporter celles que l'on a choisies pour être taillées & placées en évidence dans la partie supérieure de l'édifice. Cette circonstance doit nous faire souvenir, au milieu des éloges que nous prodiguons aux Grecs & aux Romains, qu'il n'y a rien de parfait dans les institutions des hommes.

Dans plusieurs états de la Gréce, tous les citoyens ne participoient pas également aux bénéfices que cette distinction cruelle produisoit à l'homme libre. La richesse étant répartie inégalement, il n'y avoit que le riche qui fût dispensé de travailler; le pauvre n'avoit d'autre ressource que son travail pour subsister : l'un & l'autre étoient également dominés par l'intérêt, & les esclaves étant au rang des propriétés utiles, ils étoient aussi un objet d'avarice & de cupidité, & non un moyen de s'exempter des occupations sordides. Il n'y a que Sparte seule où cette institution ait subsisté pendant un temps considérable, dans toute la plénitude de ses effets. Nous en sentons l'injustice; nous plaignons les Ilotes; nous voyons avec indignation l'avilissement & la dureté de leur sort : mais quand nous venons à n'envisager que l'ordre supérieur des citoyens de cet état; que nous nous représentons quels hommes ils étoient; que nous faisons attention à à cette élévation, à cette grandeur d'ame qu'aucun danger n'étoit capable d'ébranler, qu'aucun intérêt n'étoit capable de corrompre ; quand nous les considérons comme amis ou comme citoyens, nous sommes prêts d'oublier comme eux que des esclaves ont le droit d'être traités en hommes.

C'est dans les ordres de citoyens, qui par leur condition & par leur fortune sont dispensés des travaux & des occupations sordides, que nous cherchons l'honnêteté & l'élévation des sentimens. A Sparte c'étoit-là ce qui caractérisoit l'homme libre; mais s'il est vrai que le sort de l'esclave fût réellement plus malheureux chez les anciens que celui du pauvre artisan & du laboureur indigent chez les modernes, peut-être aussi les ordres supérieurs qui sont en possession des honneurs & de la considération, sont-ils déchus dans la même proportion de la dignité qui convient à leur condition. Cette prétendue égalité de justice & de liberté dont nous nous prévalons, n'aboutiroit donc qu'à rendre également serviles & mercenaires toutes les classes d'hommes: nous sommes des nations entieres d'Ilotes, & nous n'avons point de citoyens libres.

Dans tout état commerçant, malgré toute prétention à l'égalité des droits, l'élévation du petit nombre, doit nécessairement produire l'abaissement du plus grand nombre. Alors on suppose communément que l'extrême avilissement de certaines conditions vient principalement de la mauvaise éducation & du défaut d'instruction; & l'on se figure que c'est-là une image de ce qu'a dû être notre espece dans sa grossiéreté originelle. Mais c'est oublier combien de circonstances concourent, spécialement dans les villes peuplées, à corrompre le bas peuple. L'ignorance est son moindre défaut. L'admiration de la richesse que d'autres possédent, qui devient en lui le principe de l'envie & de de l'esprit de servitude ; l'habitude d'agir perpétuellement dans la vûe du gain, & avec le sentiment de la sujétion ; les crimes de toute espece auxquels il se porte pour fournir à sa débauche ou satisfaire son avarice, sont des effets, non de l'ignorance ; mais de la corruption & de la bassesse d'ame. Si le sauvage n'a pas nos connoissances, il n'a pas non plus nos vices. Il ne peut être servile, puisqu'il ne connoît pas de maître ; & comment seroit-il envieux, lui qui n'a pas même l'idée des distinctions de fortune ? il agit suivant ses talens, dans les postes les plus élevés que puisse offrir la société humaine, celui de conseiller & celui de soldat de son pays. A l'égard de ses sentimens, il est tout aussi instruit que le coeur a besoin de l'être ; il sait distinguer l'ami qu'il aime, & l'intérêt public qui échauffe son zele.

Les plus fortes objections qu'il y ait contre le gouvernement démocratique ou populaire, sont prises de l'inégalité qui s'introduit nécessairement entre les hommes, à la suite des arts de commerce. Il faut l'avouer, des hommes tels que ceux qui composent les assemblées populaires, dont les occupations journalieres, dont les inclinations sont mesquines & basses, quoiqu'ils jouissent de la prérogative de se choisir leurs maîtres & leurs chefs, sont personnellement bien peu faits pour commander. Comment confier la conduite d'une nation à un homme dont toutes les vûes se bornent au soin de sa conservation & de sa subsistance ? De pareils hommes, lorsqu'ils sont admis dans les conseils publics, ne sont propres qu'à porter dans les délibérations le trouble & la confusion, ou bien la corruption & l'esprit de servitude ; & rarement ils laissent à l'état le loisir de se remettre des calamités qui sont le fruit des factions continuelles & des résolutions mal concertées ou mal exécutées.

Les Athéniens éprouverent tou-

ces inconvéniens pendant la durée de leur gouvernement populaire. L'artisan étoit obligé, sous peine d'une amende, de se rendre à la place publique, pour entendre traiter de la paix ou de la guerre, & il étoit invité, par des émolumens pécuniaires, à suivre les jugemens en matiere civile & criminelle. Malgré des exercices si propres à instruire les citoyens & à développer leurs talens, on vit toujours le pauvre dominé par la cupidité, ou par les habitudes qui se contractent dans une profession peu noble. Anéanti par le sentiment de son infériorité & de sa foiblesse personnelle, il s'abandonnoit à l'ascendant du premier chef populaire qui savoit flatter ses passions ou profiter de ses craintes; ou bien, poussé par son caractere ombrageux & jaloux, il bannissoit avec une légéreté cruelle tout ce qu'il y avoit d'éminent & de respectable dans l'ordre supérieur de citoyens: & tantôt par indifférence pour le bien public, tantôt faute de lumieres en matiere d'administration, la souveraineté étoit prête à tout moment d'échapper de ses mains.

Il arrive presque toujours en pareil cas, que le peuple est en effet gouverné par un seul, ou par quelques particuliers qui possedent l'art de le conduire. Périclès exerça à Athenes une sorte d'autorité souveraine; & Crassus, Pompée & César, soit conjointement, soit successivement, furent pendant un temps considérable les maîtres absolus dans Rome.

Dans les petits états aussi-bien que dans les grands, il est bien difficile que la démocratie se maintienne avec les disparités de condition, & la différente culture des esprits, qui résultent inévitablement de la diversité des fonctions & des professions entre lesquelles les hommes sont partagés sous le regne des arts de commerce. Que conclure delà? que c'est faire le procès à cette forme de gouverne, ment, après qu'elle a perdu son mobile & sa base ; & montrer combien il est absurde de prétendre qu'il puisse y avoir égalité de considération & d'influence parmi des hommes qui ont cessé d'être égaux par les talens & le caractere.

CHAPITRE III.

Des mœurs des nations policées & commerçantes.

DANS l'état de grossiéreté, l'espéce humaine présente une grande uniformité dans ses moeurs ; mais dans l'état de civilisation, les objets de son activité se diversifient, elle occupe un plus vaste champ, & ses portions sont séparées les unes des autres par de plus grandes distances. Si cependant ces portions continuoient à être guidées par des dispositions semblables, & par les mêmes suggestions de la nature, elles devroient, à la fin de même qu'au commencement de leurs progrès, se rencontrer en plusieurs points. Les communautés ayant admis parmi leurs membres cette diversité de rangs & de professions dont nous avons parlé ci-dessus, comme une conséquence ou comme la base du commerce, on devroit appercevoir, dans les unes comme dans les autres, plusieurs effets pareils de cette distribution & des autres circonstances qui leur sont à peu-près communes.

Quel que soit le gouvernement, ceux qui en ont la conduite se proposent pour objet capital d'éloigner les dangers dont l'état est menacé de la part des ennemis du dehors, & de prévenir les désordres qui pourroient l'agiter au-dedans. S'ils réussissent dans ce plan de conduite, ils parviennent en peu de siecles à donner de l'aspendant à leur pays; à établir une frontiere loin de la capitale; l'amour de la tranquillité qui gagne insensiblement tous les cœurs, & les mesures publiques qui tendent à maintenir la paix de la société, mettent enfin un terme aux guerres extérieures & assoupissent les troubles domestiques. Les administrateurs, à la faveur de ce relâche, apprennent à décider sans tumulte toutes les contestations, & à faire jouir tout citoyen de ses droits personnels sous la sauve-garde de la loi.

Dans cette situation, qui est celle à laquelle aspirent toutes les nations actives & industrieuses, & à laquelle elles parviennent à des degrés différens, les hommes ayant donné un fondement à la sûreté, travaillent à élever un édifice politique analogue à leurs vûes. La conséquence est différente pour les différens états, même pour les différens ordres d'une même communauté; & l'effet, par rapport à chaque individu, correspond au poste qu'il occupe. Ainsi le militaire & l'homme employé dans l'administration, se trouvent en état de fixer les formes suivant lesquelles ils doivent procéder; les différentes professions, de chercher chacun son avantage particulier; l'homme de plaisir, de se livrer au raffinement; & l'homme d'étude, à la contemplation & à la culture des lettres.

Dans ce mouvement général les recherches s'étendent à tout ce qui a quelque rapport aux objets qui occupent la société; & l'exercice de la raison & du sentiment devient lui-même une profession. Les chants du barde, les harangues de l'officier civil & militaire, la tradition & l'histoire des anciens tems, sont considérés comme les modeles ou comme les plus anciennes productions de tous ces arts, & c'est-là le fonds que les différentes professions se proposent d'imiter ou de perfectionner. Les ouvrages d'imagination sont distingués par classes & par especes, comme les objets d'histoire naturelle; on rassemble séparément les regles de chaque genre; & les bibliothéques sont des magasins assortis, où se trouvent les productions les plus parfaites de tous les arts, qui, à l'aide de la grammaire & de la critique, aspirent, chacun dans sa sphére, à éclairer l'esprit & à toucher le coeur.

Chaque nation est un assemblage bigarré de différens caracteres, & contient, quel que soit son gouvernement, un échantillon de la variété qui doit résulter de l'humeur, du tempérament, de la tournure d'esprit d'hommes occupés de tant de manieres si différentes. Chaque profession a son point d'honneur & son systême de mœurs: le commerçant prétend à l'exactitude & à la loyauté; l'homme d'administration, à la capacité & à la dextérité; l'homme de société, à l'esprit & au savoir vivre. Chaque état a un train, un habillement, un cérémonial qui le distinguent, & qui font disparoître le caractere national sous celui du rang ou de l'individu.

Cette description convient également à Athenes, à Rome, à Londres & à Paris; l'observateur grossier ou simple qui n'est point frappé de l'aspect différent qu'offrent différentes nations, ne manquera pas de l'être de la différence qui paroît dans les habitations & les occupations des différentes personnes; il trouvera dans les rues de la même ville, au tant de diversité que dans le territoire de deux peuples séparés. Le nuage qui offusque ses yeux, l'empêchera de discerner en quoi l'artisan, le commerçant, l'homme de lettres d'un pays, différent de ceux d'un autre; mais le naturel de chaque province, distingue d'abord l'homme qui n'en est pas; & lorsqu'il voyage, au moment qu'il passe la frontiere de son pays, il est frappé de l'aspect différent du pays où il entre; l'air de la personne, le son de la voix, l'idiôme, le ton, les inflexions de la conversation, soit dans le grave ou l'enjoué, soit dans le touchant ou le pathétique; toutes ces choses ne sont plus les mêmes.

Il peut se rencontrer chez les nations policées, une infinité de différences de cette espece, produites par l'influence du climat ou de la mode, qui est encore un mobile plus obscur & plus inexplicable; mais ce qui constitue les principales distinctions auxquelles nous pouvons nous en tenir, c'est le rôle qu'un peuple est obligé de jouer en qualité de nation ; ce sont les objets que l'état offre à ses regards & à son activité ; ou bien la constitution du gouvernement qui, en prescrivant à ses sujets les conditions de la société, influe d'une façon très-marquée sur leurs idées & leurs habitudes.

Le peuple Romain, dont la destinée étoit de s'enrichir par les conquêtes & les dépouilles des provinces ; les Carthaginois, occupés à faire valoir des établissemens de commerce, & comptant sur les retours de leurs marchandises, dûrent voir les rues de leurs capitales respectives, fourmiller d'hommes de dispositions & d'aspect tout-à-fait différens. Le Romain, lorsqu'il vouloit être considérable, prenoit l'épée, & l'état trouvoit ses armées prêtes dans les maisons de ses citoyens. Le Carthaginois, avec le même projet, se tenoit retiré au fond de son comptoir ; & lorsque l'état étoit alarmé, & que la guerre étoit résolue, il sacrifioit une partie de ſes profits pour acheter une armée chez l'étranger.

Il y a néceſſairement de la différence entre un membre d'une république & un ſujet d'une monarchie ; parce que les formes de leur pays leur aſſignent des rôles différens : l'un eſt deſtiné à vivre avec ſes égaux, ou à diſputer la prééminence par ſes talens & ſon caractere perſonnels ; l'autre eſt né pour un poſte fixe & dans un ordre de choſes où tout ce qui tend à l'égalité produit de la confuſion, & où la grande ſcience eſt la ſcience des rangs & de la préſéance. L'un & l'autre, lorſque les inſtitutions de leur pays ſont parvenues à leur maturité, peut trouver dans les loix une protection qui lui aſſure la jouiſſance de ſes droits perſonnels ; mais ces droits eux-mêmes ne ſont pas entendus de la même maniere à l'égard de l'un & de l'autre ; & comme ils traînent un cortege d'opinions tout différent, ils produiſent auſſi une trempe d'eſprit différente. Il faut que le républicain agisse dans l'état pour soutenir ses prétentions : il faut, pour opérer sa sûreté, qu'il tienne à un parti ; il faut qu'il en forme un, s'il veut être considérable. Le sujet d'une monarchie en appelle à sa naissance ; c'est sur elle qu'il fonde les honneurs qu'il réclame ; il fait sa cour pour montrer son importance ; & il arbore l'enseigne de la dépendance & de la faveur, pour obtenir de la considération dans le public.

Si les institutions nationales faites pour le maintien de la liberté, au lieu de mettre le citoyen dans la nécessité d'agir pour lui-même, & de défendre ses droits, pouvoient lui donner une sauve-garde qui le dispensât de toute attention, de tout effort personnel ; de pareilles institutions, en apparence le chef-d'œuvre de l'art politique, pourroient bien affoiblir le lien social ; & en inspirant l'indépendance, elles sépareroient infailliblement & rendroient étrangers l'un à l'autre les différens ordres qu'elles avoient pour objet de concilier. Dès que les membres de l'état cesseroient d'être unis par le sentiment d'une dépendance mutuelle, il n'y auroit plus, ni les partis qui se forment dans les républiques, ni les assemblées de cour que l'on voit dans les monarchies. Les lieux de commerce pourroient continuer à être fréquentés; on chercheroit encore la foule dans la vue du seul amusement; mais l'intérieur des maisons deviendroit l'asyle de la réserve & de l'égoïsme, où chacun chercheroit à se soustraire aux embarras des égards & des attentions, qui peut-être, aux yeux d'une politique peu éclairée, paroissent de peu de conséquence, & qu'elle se fait un point d'honneur de mépriser.

Cet inconvénient n'est pas de nature à se faire sentir ni dans les républiques, ni dans les monarchies: il appartient plus particuliérement aux gouvernemens qui sont un mêlange des deux autres ; où l'administration de la justice peut être mieux assurée ; où le sujet est tenté d'aspirer à l'égalité, & où il ne trouve que l'indépendance dans son rang ; où enfin un esprit d'égalité lui apprend à haïr toutes les distinctions qui exigent de sa part une déférence marquée, à raison de leur importance réelle.

Sous les gouvernemens ou purement républicains, ou purement monarchiques, & par-tout où l'on se conduit d'après les principes de ces deux gouvernemens, les hommes sont obligés de ménager leurs concitoyens, & d'employer leurs talens & leur adresse pour améliorer leur fortune, même pour se procurer la sûreté. Dans tous les deux, ils trouvent une école de pénétration & de discernement ; mais dans l'un, ils apprennent à négliger les qualités qui font le mérite du caractere privé, pour acquérir du crédit dans le public ; & dans l'autre, à préférer aux talens vraiment grands & respectables, les qualités agréables qui font réussir dans la sphere de l'amusement, & dans la société particuliere. Dans tous les deux, ils sont obligés de se conformer religieusement à la mode & aux moeurs du pays; le caprice, la bizarrerie d'humeur, la singularité d'esprit ou de caractere n'osent s'y montrer. Il faut que le républicain soit populaire & affable; le courtisan souple & poli. Le premier ne doit jamais se trouver déplacé, en quelque compagnie qu'il se trouve; l'autre doit choisir les lieux qu'il fréquente, & ne desirer d'être distingué que où la société elle-même est plus estimée & plus recherchée. Avec ses inférieurs, il prend un air de protection, & laisse à son tour prendre le même air avec lui. Tout cela peut-être n'étoit pas nécessaire à Sparte, où le citoyen ne craignoit rien sinon de manquer à son devoir; où il n'aimoit que son ami & l'état; où il étoit aussi attentif sur lui-même pour soutenir son caractere, que peut l'être le sujet d'une monarchie pour ajuster sa dépense & son revenu avec les desirs de sa vanité, & paroître avec l'éclat qu'il croit convenable à sa naissance ou à son ambition.

Une des injustices auxquelles nous sommes le plus sujets, est d'attribuer à l'individu le caractere que l'on suppose à son pays; & une erreur non moins fréquente, est de se former l'idée d'une nation d'après l'exemple d'un ou de quelques-uns de ses membres. La constitution Athénienne eut l'avantage de produire un Cléon, un Periclès; mais tous les Athéniens ne furent pas pour cela des Cléon ou des Periclès. Thémistocle & Aristide vécurent dans le même âge; l'un montra à son pays ce qui lui étoit avantageux, & l'autre ce qui étoit juste.

CHAPITRE IV.

Continuation du même sujet.

LA loi naturelle à l'égard des nations, est la même qu'à l'égard des individus; elle donne au corps collectif le droit de se conserver; d'employer librement & sans opposition les moyens de la vie; de recueillir les fruits de son travail; d'exiger l'observation des stipulations & des contrats. En cas de violence elle condamne l'aggresseur, & établit du côté de la partie offensée, le droit de défense & de répétition. Cependant cette loi, dans ses applications, fournit matiere à des disputes, & produit des variétés sans nombre dans les idées aussi-bien que dans la pratique.

Les nations se sont accordées universellement à distinguer le juste de l'injuste; à exiger la réparation des torts de gré ou de force. Elles se sont toujours reposées jusqu'à un certain point sur la foi des traités; mais elles ont agi comme si la force étoit l'arbitre en dernier ressort de toutes leurs disputes, & le pouvoir de se défendre, la sauve-garde la plus sûre. Guidées par ces notions communes, elles ont varié entre elles & admis des différences, non pas seulement sur des points de forme, mais sur des points de la plus grande importance, par rapport à l'usage de la guerre, aux effets de la captivité, & aux droits de la conquête & de la victoire.

Lorsque plusieurs communautés indépendantes confédérées se sont vûes fréquemment enveloppées dans des guerres, & qu'elles ont leurs alliances & leurs oppositions arrêtées, elles adoptent des coutumes dont elles font la base des regles ou des loix qui doivent être observées ou réclamées dans leurs rapports mutuels. Elles veulent, même dans la guerre, suivre un systême, & exigent l'observation des formes jusqu dans leurs opérations pour leur mutuelle destruction.

Les mœurs des anciens états de la Gréce & de l'Italie relativement à la guerre, portoient l'empreinte de la nature de leur gouvernement républicain; celles de l'Europe moderne se ressentent du monarchisme qui, devenu la forme prédominante dans cette partie du monde, influe puissamment sur les nations, sur celles mêmes qui ne vivent pas sous ce gouvernement. D'après les maximes monarchiques, on conçoit une distinction entre l'état & ses membres; de même qu'entre le roi & le peuple, qui fait que la guerre est une affaire de politique, & non d'animosité populaire. Tandis que nous cherchons à ruiner l'intérêt public, nous voudrions épargner l'intérêt particulier; nous conservons pour les individus des égards & des ménagemens qui souvent arrêtent l'effusion du sang dans la chaleur de la victoire, & font trouver au prisonnier de guerre les traitemens de l'hospitalité dans la même ville qu'il avoit en vûe de détruire. Ces usages sont si solidement établis, que le plus juste ressentiment envers un ennemi, la raison de représailles, ou la nécessité du service pourroient à peine justifier ou excuser la violation de ces regles regardées comme des loix d'humanité, ou faire que le chef qui s'en seroit rendu coupable, ne devînt un objet d'horreur & d'exécration.

La pratique générale des Grecs & des Romains étoit absolument opposée, ils s'appliquoient à blesser un état, en détruisant ses membres, en dévastant son territoire, en ruinant les possessions des sujets. Ils ne faisoient quartier que pour faire des esclaves ou pour réserver le prisonnier à une exécution plus solemnelle; un ennemi, dès qu'il étoit désarmé, étoit presque généralement ou mis à mort, ou vendu au marché, afin qu'il ne pût jamais retourner fortifier son parti. Faut-il s'étonner, quand tel est le sort de la guerre, qu'une forteresse soit défendue jusqu'à la dernière extrêmité, & que les batailles soient prolongées avec l'acharnement du désespoir ? Le jeu de la vie humaine étoit une partie chère qui étoit disputée avec une ardeur & une opiniâtreté proportionnées à son importance.

Dans cet état de moeurs, les Grecs & les Romains ne pouvoient employer le terme de *barbare* dans le sens dans lequel nous l'employons ; pour caractériser un peuple indifférent pour les arts de commerce, prodigue de sa vie & de celle des autres ; ardent dans son affection pour une société, & implacable dans son antipathie pour une autre. Tel est dans une grande partie de leur histoire, & dans la plus brillante, leur propre caractere, aussi-bien que celui de quelques autres nations que, pour cette raison, nous désignons par les épithetes de *barbares* ou *grossiers*,

Nous avons déja observé que ces nations célebres sont redevables d'une grande partie de leur lustre, non aux matériaux de leur histoire, mais à la maniere dont ils ont été employés, & aux talens de leurs historiens & de leurs autres écrivains. Leur histoire a été maniée par des hommes qui ont su attirer l'attention sur les procédés de l'esprit & du coeur, plutôt que sur le détail des faits ; & qui possédoient l'art de faire admirer & aimer des caracteres au milieu d'actions qui seroient aujourd'hui universellement blâmées & détestées. De même qu'Homere, le modele de la littérature grecque, ils ont eu la magie de nous faire oublier l'horreur d'une vengeance atroce, de cruautés abominables exercées sans remords contre des ennemis, en faveur de la conduite ferme, du courage & des affections fortes que montrent leurs héros, à défendre la cause de leur ami ou de leur patrie.

Nos

Nos mœurs sont si différentes, & le systême d'après lequel nous réglons nos idées sur la plupart des choses, est si opposé, qu'il n'en falloit pas moins pour nous faire supporter la pratique des anciens peuples. Si ces usages eussent été rapportés par de simples journalistes qui ne s'attachent qu'au détail des événemens, sans dramatique, sans mettre en jeu le caractère des acteurs; semblables à l'historien Tartare qui dit simplement quels flots de sang furent versés sur le champ de bataille, & combien de milliers d'habitans furent massacrés dans la ville; les Grecs seroient restés confondus avec leurs voisins barbares, & on eût refusé aux Romains la qualité de nation civilisée, jusques bien avant dans leur histoire, & presque jusqu'au déclin de leur empire.

Supposons un de nos voyageurs, un de ces hommes que nous envoïons quelquefois courir le monde pour étudier les mœurs de l'espece humaine; supposons-le transporté dans l'ancienne Gréce, sans le secours de l'histoire, cherchant à saisir le caractere des Grecs d'après l'état de leur pays, ou leur pratique à la guerre; ses observations seroient sans doute fort curieuses. « Ce pays, nous diroit-il, en » comparaison des nôtres, a l'air de la » stérilité & de la désolation. J'ai vu » le long des chemins des troupes de » laboureurs occupés aux travaux de » la campagne, mais je n'ai point » apperçu d'habitations pour les maî- » tres & les propriétaires. On me dit » qu'il n'y avoit pas sûreté à habiter » les campagnes; & que les colons » de chaque district se refugioient en » foule dans les villes, pour être dans » une place de défense. Il est impos- » sible en effet que ces peuples se » civilisent, tant qu'ils n'auront pas » adopté quelque gouvernement ré- » gulier, & établi des tribunaux pour » recevoir les plaintes & rendre la » justice. A présent chaque ville, » je pourrois dire chaque village,

» agit séparément pour son compte, » & il en résulte les plus grands dé- » sordres. A la vérité, je n'ai pas été » inquiété; car il faut que vous sa- » chiez que ces hordes prennent la » qualité de nations, & que c'est » sous prétexte de guerre qu'elles » exercent leur brigandage.

» Mon intention n'est pas d'user » des privileges des voyageurs, ni de » joûter avec le célebre auteur du » voyage à Lilliput; mais je n'ai » pu m'empêcher d'essayer de vous » donner une idée de ce que j'éprou- » vai en les entendant parler de leur » territoire, de leurs armées, de leurs » revenus, de traités & d'alliances. » Figurez-vous des marguilliers & » des commissaires de Highgate ou » de Hampstead métamorphosés en » hommes d'état & en généraux d'ar- » mées, & vous aurez une idée assez » juste de ce pays singulier. J'ai tra- » versé un état où la maison la plus » considérable ne pourroit pas loger » le dernier de vos laboureurs, & où

» vos mendians ne seroient point du
» tout empressés de dîner avec le roi.
» Cet état cependant est regardé
» comme une nation considérable,
» & n'a pas moins de deux rois. J'ai
» vu l'un des deux ; quel potentat !
» à peine étoit-il vêtu ; & sa majesté,
» étoit obligée, pour sa table, d'aller
» avec ses sujets à l'auberge com-
» mune. Là on ne connoît pas l'u-
» sage de la monnoie ; & je fus obli-
» gé de vivre aux dépens du public,
» parce qu'il n'y a point de marché
» où l'on puisse acheter des vivres.
» Vous imaginez, peut-être, que les
» étrangers de quelque considération
» y sont reçus avec un grand appa-
» reil de somptuosité, & servis en
» vaisselle de prix ; mais toute la
» chere qu'on me fit consistoit en
» un plat d'un triste potage, qui me
» fut apporté par un esclave nud ; &
» on me laissa y faire honneur, tant
» qu'il me plut : que dis-je ! je fus
» continuellement en danger de me
» voir enlever mon dîner par les en-

» fans, qui font auſſi prêtes à ſaiſir » l'inſtant, & auſſi adroits à enlever » leur proie, qu'aucun levrier affamé » que vous ayez vu. En un mot, la » miſere de tout ce peuple, miſere » que je partageai tout le temps que » j'y reſtai, paſſe toute expreſſion. » On croiroit que ces hommes met- » tent tous leurs ſoins à ſe tourmenter » le plus qu'ils peuvent : ils étoient » mécontens d'un de leurs rois, par- » ce qu'il avoit l'art de ſe faire ai- » mer. Ce roi, pendant mon ſéjour, » avoit fait préſent d'une vache à un » de ſes favoris, & d'une veſte à un » autre (*a*); & on diſoit publique- » ment que cette maniere de ſe faire » des amis étoit un vol fait au pu- » blic. Mon hôte me dit avec beau- » coup de gravité qu'il ne faut pas » qu'un homme contracte d'obliga- » tion capable d'affoiblir l'amour » qu'il doit à ſon pays; ni qu'il forme » d'attachement perſonnel qui aille

(*a*) Plutarque dans la vie d'Agéſilaus.

» au-delà de la simple habitude de
» vivre avec son ami, & de lui rendre
» tous les services qui dépendent
» de lui.

» Je lui demandai un jour pourquoi,
» par rapport à eux-mêmes,
» ils ne mettoient pas leurs rois en
» état d'avoir un train un peu plus
» considérable? c'est, me répondit-il,
» parce que nous voulons qu'ils chérissent
» le bonheur de vivre avec des
» hommes. Je blâmai la construction
» de leurs maisons, & lui marquai
» en particulier ma surprise de ce
» qu'ils n'avoient pas des temples
» plus somptueux. Quoi donc! me
» dit-il, est-ce que vous feriez consister
» la religion dans des murs de
» pierre? cet échantillon suffit pour
» vous donner une idée de notre
» conversation; sententieuse, telle
» que je vous la peins; vous pouvez
» croire que je ne m'arrêtai pas long-temps
» pour en profiter.

» Le peuple de cet autre endroit
» n'est pas tout-à-fait aussi stupide. Il y

» a un marché vaste formant une assez » belle place, & quelques bâtimens » passables; on m'a dit qu'il y avoit » aussi quelques barques & bateaux » pour l'usage du commerce, que » dans l'occasion on rassemble pour » former une flotte qui doit ressembler » assez bien au spectacle que donne » le Lord Maire sur la Tamise. Mais » ce qui me plaît plus que tout cela, » c'est que d'ici je puis partir & dire » adieu à ce malheureux pays. Je » me suis donné bien des peines pour » m'instruire des cérémonies religieu- » ses, & rassembler des curiosités. » J'ai copié plusieurs inscriptions, » comme vous le verrez en parcou- » rant mon journal, & vous décide- » rez alors, si ce que j'ai rapporté » peut me dédommager des fatigues » & de la vie misérable qu'il m'a fallu » supporter. Vous concevez aisément » d'après ce que je vous ai dit, que » le peuple n'est pas d'un commerce » bien séduisant : malgré sa misere & » sa malpropreté, il est vain & or-

» gueilleux ; un drôle qui n'a pas vail-
» lant quatre sols, se croiroit désho-
» noré de travailler pour gagner sa
» vie. Ces gens vont pieds nuds &
» la tête découverte, enveloppés de
» couvertures, dans lesquelles on
» croiroit qu'ils ont couché. Ils ne
» cachent rien ; lorsqu'ils viennent
» à leurs jeux, à leurs exercices vio-
» lens, on diroit que ce sont autant
» de Cannibales nuds ; là ils mettent
» toute leur gloire à se signaler par
» des tours de force & d'adresse. Des
» membres robustes, des bras ner-
» veux, la faculté de passer des nuits
» entieres en plein air, de suppor-
» ter long-temps la faim, de se nour-
» rir de tout ce qui se trouve, voilà
» les qualités qui font l'homme ac-
» compli. Il n'y a point de gouver-
» nement fixe, autant que j'ai pu
» m'en assurer ; c'est tantôt la popu-
» lace, tantôt la portion la plus re-
» levée du peuple, qui gouverne à
» son gré : on s'assemble en foule en
» plein air ; & rarement on s'accorde

» sur quelque chose que ce soit. Une » voix forte & beaucoup de pré- » somption, c'en est assez pour faire » grande figure. Il y a quelque temps » qu'il se trouva ici un tanneur qui » vint à bout de se rendre maî- » tre des affaires, pendant un espa- » ce assez considérable. Il censura » avec tant de véhémence ce que » les autres avoient fait, parla de » ce qu'il falloit faire avec tant de » confiance, qu'à la fin on l'envoya » mettre ses discours à exécution, » & tanner l'ennemi au lieu de ses » cuirs (*a*). Vous imaginez peut-être » qu'il fut enrôlé dans une recrue; » non; il fut envoyé commander » l'armée. A la vérité, rarement ils » persistent long-temps dans la mê- » me disposition, excepté dans leur » acharnement à tourmenter leurs » voisins. Ils partent en corps, & vo- » lent, pillent & massacrent tout ce » qu'ils rencontrent ». D'après toutes

(*a*) Thucydides, liv. & Aristophanes.

les observations que l'on peut suppo-ser de la part de ce voyageur ; quand on vient à se rappeller la haute renom-mée que ces nations ont acquise, en s'éloignant de nous, ne seroit-on pas tenté d'ajouter « que l'on ne conçoit » pas comment des savans, des hom-» mes d'un goût épuré, des femmes » même, peuvent s'accorder à admi-» rer un peuple qui leur ressemble » si peu ».

Pour juger de l'esprit qui les ani-moit dans leurs rivalités & leurs guerres avec les nations voisines, il faut examiner ce qu'ils étoient chez eux. Fiers & intrépides dans leurs dissentions civiles, ils étoient tou-jours prêts à se porter aux dernieres extrêmités, & à soumettre leurs dé-bats à la décision de la force. L'in-dividu étoit distingué par sa vigueur & son activité personnelles, & non par le lustre de sa naissance, & par l'opinion de sa fortune. Son éléva-tion étoit fondée, non sur la préé-minence du rang, mais sur le sentiment de l'égalité. Le général qui avoit commandé durant une campagne, servoit dans les rangs la campagne suivante en qualité de simple soldat. Tous leurs soins tendoient à se procurer la force du corps ; parce que telles étoient les armes dont ils se servoient que le sort des batailles dépendoit de la force du soldat, autant que de l'habileté du commandant. Ce qui nous est resté de morceaux de sculpture de ces temps, respire une grace mâle & un air d'aisance & de simplicité ; genre de mérite familier aux artistes, parce que telle étoit la nature qu'ils avoient sous les yeux. Peut-être la vigueur & la souplesse du corps communiquoient-elles aux ames de la hardiesse & de la force ; leur éloquence & leur style étoient analogues à leur maintien. La grande école où ils se formoient l'esprit, c'étoit le maniment des affaires. Les personnages les plus respectables restoient confondus dans la foule ; il n'y avoit que leur conduite, leur éloquence & leur vigueur personnelles qui pussent les élever au-dessus du niveau commun. Leur langue manquoit de termes & de tours pour exprimer une soumission de politesse & des respects d'étiquette. Chez eux l'invective étoit poussée jusqu'à la raillerie sanglante ; leurs orateurs les plus accomplis & les plus admirés, employoient souvent des expressions de la derniere grossiéreté. Enfin, ils ne connoissoient de regles, dans leurs querelles, que les mouvemens de la passion, qui finissoient le plus souvent par les injures, l'emportement & les voies de fait. Heureusement que chez eux, l'usage étoit d'aller toujours désarmé ; porter une épée en temps de paix, étoit le fait d'un barbare. Lorsque, dans la chaleur de leurs factions, ils en venoient à prendre les armes, le parti le plus fort se rendoit le maître par l'expulsion du parti contraire, & se maintenoit par les proscriptions & par l'effuſion du ſang. Un uſurpateur avoit recours aux exécutions les plus violentes & les plus promptes pour ſe ſoutenir; à ſon tour il étoit ſans ceſſe en but aux conſpirations, aux aſſaſſinats, & les citoyens les plus reſpectables étoient toujours prêts à faire uſage du poignard.

Tel étoit leur caractere dans leurs fermentations inteſtines; & communément il ſe déployoit avec la même force & la même violence contre leurs rivaux & leurs ennemis du dehors. Les motifs touchans d'humanité avoient peu de priſe ſur eux dans les opérations de la guerre. Des villes étoient raſées ou réduites en ſervitude; les priſonniers vendus, mutilés ou condamnés à mort.

Conſidérées ſous ce point de vue, les nations anciennes ont peu droit à l'eſtime des habitans de l'Europe moderne, qui font profeſſion de porter, juſques dans la guerre, les civilités de la paix; & qui ſont plus jaloux de la réputation d'une bonté d'ame sans exception, qu'ils ne le sont de la gloire attachée aux exploits militaires, & à l'amour de la patrie. Cependant, à d'autres égards, ces nations ont mérité & obtenu nos éloges. Leur ferme attachement à leur pays; leur mépris des souffrances & de la mort, lorsqu'il s'agissoit de la cause commune; leurs idées mâles concernant l'indépendance personnelle, qui, sous des établissemens mal assurés & des loix imparfaites, rendoient chaque individu le gardien de la liberté de ses concitoyens; leur activité d'ame, leur vigueur d'esprit; en un mot, leur sagesse, leur pénétration, leur conduite admirable, leur ont acquis le premier rang parmi les nations.

S'ils étoient extrêmes dans leurs animosités, ils l'étoient de même dans leurs affections; peut-être étoient-ils durs & infléxibles, lorsque nous sommes, je ne dirai pas indulgens, mais seulement irrésolus; peut-être aussi, ce qui n'excite en nous que la compassion, produisoit-il en eux l'affection. Après tout, ce qui constitue le mérite d'un homme, c'est sa franchise, sa générosité envers ses associés ; c'est son zèle pour les objets nationaux, & sa vigueur pour le maintien des droits politiques ; & non pas seulement la modération, qui n'est souvent qu'une indifférence pour les intérêts publics & nationaux, & qui contribue à relâcher les ressorts d'où dépend la vigueur du caractere privé, aussi-bien que du caractere public.

Lorsque, sous les monarchies des Macédoniens & des Romains, on en fut venu au point de considérer une nation comme la fortune du prince, & les habitans d'une province comme une propriété lucrative, alors la conquête n'eut plus pour objet la destruction des peuples, mais la possession de leur territoire. Le citoyen pacifique ne fut plus que foiblement intéressé dans les querelles des Souverains ; la violence du soldat fut réprimée par la discipline. Il se battit parce qu'il avoit appris à manier les armes & à obéir ; quelquefois, dans l'emportement de la victoire, il répandit le sang hors de nécessité ; mais excepté dans les cas de guerres civiles, il n'eut plus rien qui excitât en lui l'animosité, si ce n'est la vue du champ de bataille, le moment de l'action & l'approche de l'ennemi. Les chefs jugerent des motifs d'une entreprise, & ces motifs une fois remplis, ils arrêterent à leur gré l'épée du soldat.

Chez les nations modernes de l'Europe, où l'étendue du territoire admet une distinction entre l'état & ses sujets, nous sommes accoutumés à considérer les individus avec intérêt & compassion, & rarement le public avec amour & zèle. Nous avons perfectionné les loix de la guerre, & les tempéramens imaginés pour en adoucir les rigueurs ; nous avons mêlé la politesse à l'usage de l'épée ; nous avons appris à faire la guerre sous les stipulations de traités & de cartels, & à nous confier à la foi de l'ennemi dont nous méditons la ruine. Il y a plus de gloire à sauver & à protéger le vaincu qu'à le détruire : & nous paroissons être parvenus au point le plus desirable, de n'employer la force que pour obtenir justice, & pour défendre les droits nationaux.

C'est-là peut-être le principal trait distinctif d'après lequel, chez les nations modernes, on leur donne les épithetes de *civilisées* ou de *policées*. Mais nous avons vu que chez les Grecs, le progrès des arts ne fut pas accompagné de cette circonstance, & qu'elle n'est point inséparable de l'avancement de la police, de la littérature & de la philosophie. Chez les modernes, elle a devancé le retour de l'instruction & de la politesse ; elle se fait remarquer dans les périodes les plus reculés de nos histoires, & caractérise peut-être ces âges grossiers & incultes à tout autre égard, d'une façon plus marquée, que l'âge même où nous vivons. Il y a près de quatre cens ans, qu'un roi de France, prisonnier chez les ennemis, fut traité avec autant d'égards & de respects, qu'une tête couronnée pourroit en attendre en pareil cas, dans ce siecle si poli (*a*). Le prince de Condé, battu, prisonnier à la bataille de Dreux, passe la nuit & dort dans le même lit, à côté du duc de Guise son ennemi (*b*).

Si le moral des traditions populaires & le goût des légendes fabuleuses qui sont les productions & les délices de certains siecles, doivent être aussi considérés comme des indications certaines des idées & des caracteres propres à ces siecles, nous sommes en droit d'en inférer que ce que l'on regarde aujourd'hui comme le droit de la guerre & des nations, eut son principe dans les moeurs de l'Europe, aussi-bien que les sentimens exprimés dans les contes de chevalerie & de galanterie. Il n'y a pas plus de différence entre notre systême de

(*a*) Histoire d'Angleterre, de M. Hume.

(*b*) Davila.

guerre & celui des Grecs, qu'il n'y en a entre les caracteres favoris de nos anciens romans, & ceux de l'Iliade ou de tout poëme ancien. Le héros de la fable grecque, doué d'un courage, d'une force, d'une adresse supérieures, tire avantage de tout contre un ennemi, pour le tuer avec sûreté pour lui-même; poussé, ou par le desir de sa dépouille, ou par un motif de vengeance, jamais son animosité n'est retenue, ni par la compassion, ni par les remords. Homere, qui connut mieux qu'aucun Poëte l'art de rendre les mouvemens d'une émotion violente, cherche rarement à exciter la commisération. Hector meurt sans inspirer de pitié, & son corps est exposé aux insultes du dernier des Grecs.

Dans notre fable, ou nos romans modernes, on voit presque toujours un objet de pitié, foible, opprimé, & sans défense, contraster avec un objet d'admiration, brave, magnanime & victorieux; le héros court le monde uniquement pour chercher des dangers & des occasions de signaler sa valeur. Rempli des maximes d'une courtoisie raffinée qu'il se pique d'observer même envers ses ennemis, & d'un honneur délicat & scrupuleux, qui ne lui permet point d'employer l'artifice & la surprise; dédaignant la dépouille des vaincus; il ne combat que pour la renommée, & consacre sa valeur à secourir l'infortune, & à protéger l'innocence. Si la victoire le favorise, il s'éleve au-dessus de la nature par sa clémence & sa générosité, autant que par sa bravoure & ses faits guerriers.

En suivant ce contraste entre le systême de la fable ancienne & de la fable moderne, il n'est pas aisé de découvrir ce qui a pu produire des notions si différentes & si opposées sur le point d'honneur, parmi des nations également grossieres, également vouées à la guerre, également avides de la gloire militaire. Le héros de la poësie grecque procede suivant les maximes de l'animosité & de l'hostilité : ses principes, dans la guerre, sont ceux du sauvage dans les forêts de l'Amérique ; ils lui commandent d'être brave, mais ils lui permettent d'employer contre l'ennemi toute sorte de stratagêmes. Le héros de nos romans modernes, fait profession de mépriser la ruse comme il méprise le danger ; il réunit dans la même personne des caracteres & des dispositions qui paroissent incompatibles ; la férocité avec l'humanité, & la soif du sang, avec la pitié & la sensibilité.

Le systême de la Chevalerie, après qu'il eut pris consistance, portoit sur trois points : sur une vénération & un respect pour le beau sexe, portés jusqu'au merveilleux ; sur les formes du combat établies ; & sur la réunion supposée du caractere religieux, avec le caractere héroïque. Les anciennes nations Celtiques de l'Europe, connoissoient les formalités du duel, & une espece de défi juridique. Les Ger mains même, dans leurs forêts natales, rendoient une espece de culte au sexe féminin. La religion Chrétienne vint prêcher la bienveillance & la charité à des siecles barbares. Ces différens principes combinés, pourroient avoir fourni le fond d'un systeme dans lequel le courage étoit guidé par la religion & l'amour, & où le guerrier & l'homme aimable se confondoient dans la même personne. Lorsque le caractere de sainteté fut allié à celui d'héroïsme, l'esprit de modération du christianisme, quoiqu'il fût souvent empoisonné par le fanatisme des sectes opposées, quoiqu'il ne fût pas toujours assez fort pour dompter la férocité du guerrier, & détruire le préjugé d'admiration pour la force & le courage, pût affermir les idées des hommes sur ce qui devoit être regardé comme beau & louable dans la conduite de leurs querelles.

Dans les temps reculés & traditionnels de l'histoire des Grecs & des Romains, on voit que les rapts sont les sujets de guerre les plus ordinaires; sans doute que dans tous les temps, les sexes ont été l'un à l'autre d'une égale importance. C'est dans le voisinage de l'Asie & de l'Afrique, que l'enthousiasme de l'amour est le plus puissant; & probablement la beauté, considérée comme une possession, étoit plus estimée par les compatriotes d'Homere, qu'elle ne l'étoit par ceux d'Amadis de Gaule, ou par les auteurs de la galanterie moderne. » Est-il étonnant, » s'écrie le vieux Priam, en voyant paroître Hélene, « que des nations » se disputent une pareille beauté » ? Cette beauté, il est vrai, avoit été possédée par plusieurs amans; c'est-là un article sur lequel le héros moderne eut bien des raffinemens, & semble se perdre dans les nues. Il adoroit, à une distance respectueuse, & employoit la valeur pour obtenir non la possession de sa maîtresse, mais son admiration. Une chasteté froide, inexpugnable étoit érigée en une divinité, à laquelle le héros & l'amant offroient en tribut leurs travaux, leurs fatigues, leurs combats.

Il ne faut pas douter que les établissemens féodaux, en plaçant certaines familles dans un haut degré d'élévation, n'ayent puissamment favorisé ce systême romanesque. Non-seulement le préjugé d'une naissance illustre, mais ces magnifiques châteaux flanqués de bastions, de tours, de creneaux, servoient à enflammer l'imagination & à inspirer une vénération religieuse pour le sang des guerriers fameux, pour leur fille, leurs soeurs, dont le point d'honneur étoit d'être inaccessibles & chastes, qui ne devoient connoître d'autre mérite que la bravoure & l'élévation des sentimens, & qu'on ne pouvoit aborder qu'avec le langage & le ton du respect & de la soumission.

Ce que ces idées avoient de singulier dans l'origine, fut ensuite poussé

poussé jusqu'à l'extravagance par les romanciers, & présenté par eux sous le titre de Chevalerie, comme un modele de conduite, même dans les affaires ordinaires; la galanterie décida de la fortune des nations; & la vie humaine, dans ses circonstances les plus importantes, devint le théâtre de l'affectation & de la folie. Des guerriers coururent le monde pour réaliser les légendes dont ils s'étoient rempli la tête; des princes, des généraux d'armées, consacrerent leurs exploits les plus sérieux à une maîtresse, ou réelle, ou fantastique.

Mais quelle qu'ait été l'origine de notions souvent si sublimes & si ridicules, nous ne pouvons douter de la continuité de leur influence sur nos moeurs. Le point d'honneur, le rôle considérable que joue la galanterie dans nos conversations & sur nos théâtres, la plupart des idées que le vulgaire applique même à la conduite de la guerre; le préjugé où il est qu'un général d'armée à qui on présente bataille à avantage égal, se déshonore en l'évitant, sont incontestablement des débris de ce système suranné : & probablement la chevalerie, conjointement avec le génie de notre police, a produit ces particularités dans le droit des gens, qui distinguent les états modernes des états anciens. Si c'est cette considération, ou les progrès des arts de commerce qui doivent décider du degré de politesse & de civilisation, on trouvera qu'il n'y a aucune des nations célebres de l'antiquité sur qui nous ne l'emportions de beaucoup.

ESSAI
SUR
L'HISTOIRE
DE LA
SOCIÉTÉ CIVILE.

CINQUIEME PARTIE.
Du déclin des Nations.

CHAPITRE PREMIER.

De ce qu'on appelle prééminence nationale, & des vicissitudes des choses humaines.

IL n'y a point de nations assez malheureuses pour se croire inférieures au reste des hommes : il y en a peu même qui se réduisent à prétendre l'égalité. La plupart s'établissent, chacune dans son espece, pour arbitre & pour modele de la perfection, s'arrogent le premier rang, & distribuent les rangs inférieurs & la considération aux autres, suivant qu'elles approchent le plus de leur propre maniere d'être. L'une tire vanité du caractere personnel ou du savoir de quelques-uns de ses membres; une autre de sa police, de sa richesse, de son industrie, de ses édifices & de ses jardins; & celles qui n'ont rien à vanter, sont vaines de leur ignorance même. Les Russes, avant le regne de Pierre le Grand, se croyoient en possession de tout ce qui fait la gloire & l'ornement des nations, & méprisoient en proportion leurs voisins occidentaux d'Europe, qu'ils appelloient *Némei*, ou peuples muets (a). A la Chine, la mappe-monde étoit un quarré plat dont la plus grande partie étoit couverte par les

(a) Strahlenberg.

provinces de ce vaste empire, & où on ne laissoit à occuper aux misérables restes de l'espece humaine, que quelques coins obscurs vers les extrêmités. « Si vous n'avez point l'u- » sage de nos lettres, ni la connois- » sance de nos livres », disoit un lettré Chinois à un missionnaire Européen, « quelle science & quelle lit- » térature pouvez-vous avoir » (*a*) ?

Le terme de *policé*, si l'on en juge par son étymologie, se rapportoit originairement à l'état des nations à l'égard de leurs loix & de leur gouvernement. Dans l'usage moderne, il comprend également leur progrès dans les arts libéraux & méchaniques, dans la littérature & dans le commerce. Mais quelle qu'en soit l'application, il y a lieu de croire que s'il y avoit une qualification plus honorable que celle-là, toutes les nations, même les plus barbares & les plus corrompues, ne manqueroient

(*a*) Gemelli Carreri.

pas de se l'arroger & de donner la qualification contraire à toutes celles qui auroient le malheur de leur déplaire ou de ne pas leur ressembler. Les noms d'*aubain* ou d'*étranger*, se prononcent rarement sans quelque intention de blâme ou d'insulte. Celui de *barbare* usité chez un peuple arrogant, celui de *gentil* chez un autre, ne servoient qu'à distinguer l'étranger qui avoit une généalogie & un langage différens des leurs.

Nous-mêmes, qui prétendons fonder nos jugemens sur la raison, & justifier la préférence que nous donnons à une nation sur une autre, le plus souvent nous accordons notre estime sur des circonstances tout-à-fait étrangeres au caractere national, & qui n'ont aucun rapport au bonheur des hommes. Les conquêtes, une grande étendue de territoire peuplé ou non peuplé, une grande richesse bien ou mal repartie ou employée ; voilà les titres sur lesquels nous établissons notre vanité & celle des autres nations, de la même maniere que les particuliers établissent la leur sur la fortune & les honneurs qu'ils possedent. Ne nous a-t-on pas vus même quelquefois disputer à qui avoit la capitale la plus immense, ou le roi le plus despotique ; ou bien dans laquelle de deux cours, le pain des sujets étoit dissipé avec le plus d'extravagance & de profusion. Ce sont-là, à la vérité, les idées du vulgaire ; mais qui est-ce qui oseroit décider jusqu'où les idées du vulgaire ne peuvent point entraîner le genre humain ?

Il est certain qu'il y a bien peu d'exemples d'états qui aient cherché à perfectionner par les arts & la police les dispositions originelles de la nature humaine, ou à prendre de bonnes & sages mesures pour en prévenir la dépravation. L'affection & la vigueur de l'ame qui font le lien & la force des sociétés, furent des présens de la Divinité, & les attributs originels de la nature de l'homme. Les polices les plus sages des nations, si on en excepte quelques exemples bien rares, ont eu pour objet, autant que nous pouvons en juger, d'entretenir la paix de la société, & de réprimer les effets extérieurs des passions nuisibles, plutôt que de fortifier le penchant du cœur pour la justice & la bonté. Elles ont abouti, par l'introduction des arts divers, à exercer l'industrie des hommes; &, en les attachant à des objets divers, à des études & des recherches diverses, à perfectionner l'esprit, & plus souvent à le corrompre. Elles ont fourni matiere aux distinctions & à la vanité; & en surchargeant l'individu de nouveaux sujets de soin personnel, elles ont substitué l'anxiété qu'il a pour lui-même, à l'affection & à la confiance qu'il devroit avoir pour ses consorts.

Que cette accusation soit bien ou mal fondée, nous voilà parvenus au moment de traiter des circonstances propres à la justifier ou à la détruire.

S'il eſt important d'avoir des idées juſtes ſur la félicité réelle des nations, il l'eſt certainement auſſi de connoître quelles ſont les foibleſſes & les vices qui font que les hommes non-ſeulement alterent & corrompent cette félicité, mais encore qu'ils perdent dans un ſiecle tous les avantages extérieurs qu'ils avoient acquis dans les ſiecles précédens.

La richeſſe & l'accroiſſement de puiſſance chez les nations, ſont ordinairement des effets de vertu ; la perte de ces avantages eſt ſouvent une conſéquence de vice.

Toutes les fois que nous ſuppoſons que des hommes ont réuſſi dans la découverte & la pratique de tous les arts qui ſervent au gouvernement & à la conſervation des états ; & que, par des efforts de ſageſſe & de magnanimité, ils ſont parvenus à ſe procurer les établiſſemens & les avantages que l'on admire chez un peuple civiliſé & floriſſant ; la partie ſubſéquente de leur hiſtoire devroit, ſuivant la marche ordinaire des idées, nous offrir, dans un état d'abondance & de maturité, ces fruits dont jusqu'alors on n'a encore vu que la fleur & le premier germe; & mériter même plus que la premiere de fixer nos regards, & d'exciter notre admiration.

Il s'en faut bien cependant que l'événement réponde à cette attente. Les hommes montrent bien plus de vertus dans les temps difficiles, qu'après qu'ils sont arrivés à leurs fins. Ces fins elles-mêmes, quoique le produit de la vertu, deviennent souvent des causes de vice & de corruption. En aspirant au bonheur national, souvent les hommes ont mis les arts qui augmentent la richesse, à la place de ceux qui rendent meilleurs. Sous les noms spécieux de *politesse* & de *civilisation*, ils ont admiré en eux des choses qui auroient dû les faire rougir de honte; & si quelquefois ils se sont conduits pendant un temps d'après des principes propres à élever, à renforcer & à conserver le caractere national, tôt ou tard ils se sont écartés de leur objet, & sont tombés dans le malheur ou dans les négligences que la prospérité elle-même a produites.

La guerre qui fournit à l'esprit inquiet & turbulent des hommes une de ses principales occupations, sert, par la diversité des événemens qui en sont la suite, à varier leur fortune. Tandis qu'elle fraye à une tribu ou à une société la route de la prééminence & de la domination, elle en précipite une autre dans la servitude, & termine pour elle le rôle de nation. La fameuse rivalité de Carthage & de Rome, fournit à l'une & à l'autre une occasion naturelle d'exercer un esprit ambitieux à qui toute résistance ou même toute égalité étoit insupportable. L'habileté & la fortune des généraux tinrent pendant quelque temps la balance en suspens; mais, de quelque côté qu'elle le dût pencher, il y alloit de la chûte d'une grande nation; il falloit que le siege de l'empire & de la police fût transféré d'un lieu à un autre ; & le sort avoit alors à decider si ce seroit dans la langue Syriaque ou dans la langue Latine que seroient consignées les connoissances qui devoient occuper les savans des âges futurs.

C'est ainsi que des états ont été conquis par des ennemis du dehors, avant que d'avoir montré aucun symptôme d'une décadence intérieure ; au milieu même de leur prospérité, & dans le période de leur plus grande ardeur pour les objets nationaux. Athenes, au plus haut point de son ambition & de sa gloire, reçut le coup fatal, lorsqu'elle entreprit de porter sa puissance maritime au-delà des parages de la Grece. Des nations de toute espece, formidables par leur rudesse & leur férocité, respectées par rapport à leur discipline & leur expérience dans la guerre, furent l'une après l'autre la proie de l'esprit ambitieux & arrogant des Romains, les unes dans le déclin, les autres durant l'accroissement de leur force. De pareils exemples séroient bien capables d'alarmer la jalousie des états & de réveiller leur vigilance ; la présence de dangers semblables offre une belle carriere au génie des politiques & des hommes d'état ; mais les matériaux les plus ordinaires de l'histoire sont des revers de fortune, & il y a long-temps qu'ils ont perdu le droit de nous frapper.

S'il étoit vrai que des nations, après de foibles commencemens, parvénues à la possession des arts qui mènent à la domination, eussent eu l'adresse de s'assurer la perpétuité de leurs avantages, à proportion qu'elles ont eu les qualités nécessaires pour les acquérir ; qu'elles eussent joui d'un cours de félicité non interrompu, jusqu'à ce qu'elles eussent été ruinées par des calamités extérieures ; & qu'elles eussent conservé leur force, jusqu'à ce qu'il s'élevât une puissance plus vigoureuse & plus fortunée pour les abattre ; il en résulteroit que le fait n'offriroit dans la spéculation, ni de grandes difficultés à résoudre, ni des réflexions bien intéressantes à en tirer. Mais quand on remarque dans les nations une espece de retour spontané vers la foiblesse & l'obscurité ; quand, au mépris des avertissemens sans cesse réitérés du danger qui les menace, nous les voyons se laisser subjuguer dans un siecle par des puissances qui, dans le siecle précédent, n'auroient osé entrer en concurrence avec elles, & par des forces qu'elles ont plus d'une fois méprisées & terrassées ; alors le phénomene devient plus curieux & plus difficile à expliquer.

C'est un fait constaté par un grand nombre d'exemples. L'empire d'Asie passa plus d'une fois des mains d'une puissance supérieure, dans celles d'une moindre puissance. Les états de la Grece, autrefois si belliqueux, éprouverent l'affoiblissement de leur vigueur ; & l'ascendant qu'ils avoient disputé aux monarques d'Orient leur fut enlevé par les armes d'une souveraineté obscure, devenue formidable en peu d'années, & portée au plus haut dégré de grandeur sous la conduite d'un seul homme. Rome qui, durant plusieurs siecles, avoit été le seul empire; qui avoit assujetti tous ses rivaux, & ne voyoit plus de domination qui lui fît ombrage, Rome fut enfin abattue par un ennemi barbare & méprisable. Abandonnée aux incursions, au pillage, elle vit enfin entamer ses frontieres; elle se vit mutilée dans ses extrêmités, minée, resserrée de tous côtés. Son territoire fut démembré, & ses provinces lui échapperent comme des branches qui se séparent du tronc par caducité & non par les coups violens d'un ouragan furieux. Il n'existoit plus, ce courage actif & ferme de Marius qui, le siecle précédent, avoit déconcerté & repoussé les attaques des barbares, ni cette vigueur civile & guerriere avec laquelle le consul & ses légions avoient reculé les bornes de l'empire. La grandeur Romaine condamnée à s'écrouler de la même maniere qu'elle s'étoit élevée, lentement & par degrés, recevoit échec dans toutes les rencontres. A la fin, réduite à ses premieres dimensions, à l'enceinte d'une seule ville, & dépendante du sort d'un siege, elle fut renversée d'un seul & même coup; le brandon qui avoit embrasé de ses feux l'univers, fut étouffé comme l'est une foible flamme sous un éteignoir.

Des faits de cette espece ont donné lieu à l'opinion générale que le retour des nations à l'état de foiblesse & d'obscurité, est aussi nécessaire, aussi inévitable que leur progrès est naturel dans les choses que nous regardons comme le plus haut degré de la grandeur nationale. On applique aux sociétés la comparaison des âges de la vie humaine, & l'on suppose que, de même que les individus, elles ont un période marqué, une durée préfixe; que le fil de leur destinée n'a qu'une longueur déterminée, uni & fort dans une portion de sa longueur, foible & usé dans l'autre, & tout prêt à se rompre, lorsque le moment fatal sera venu; & que l'emblême commencera à se renouveller à l'égard de celles qui prennent leur place. Carthage, beaucoup plus ancienne que Rome, dit Polybe, éprouva aussi beaucoup plutôt sa décadence: & cet écrivain appercevoit dès-lors dans la puissance survivante les germes de sa ruine future.

Il faut avouer que la comparaison est juste, & que l'on trouve sans cesse à en faire l'application dans l'histoire de l'espece humaine. Mais il faudroit observer cependant que le cas des nations est bien différent de celui des individus. L'organisation humaine a un cours général; & dans chaque individu, elle est d'une contexture fragile dont la durée est limitée; elle s'use par l'exercice,

& s'épuise par la répétition de ses fonctions : au lieu que dans une société dont les membres se renouvellent à chaque génération, où la race semble jouir d'une jeunesse éternelle & inaltérable, & accumule les avantages de tous les siecles, la parité cesse, & l'on ne devroit pas s'attendre à y trouver les infirmités qui ne tiennent qu'à l'âge & à la durée.

Le sujet n'est pas neuf ; il y a peu de lecteurs à qui il ne fasse naître une foule de réflexions. Mais d'un autre côté, je ne puis croire que ce soit une chose absolument infructueuse pour l'humanité de fixer les idées & l'attention sur une matiere aussi importante, ne fût-ce même qu'en spéculation ; quelque peu d'influence que puissent avoir sur la conduite des hommes les travaux des philosophes, on conviendra du moins que de toutes les illusions, la plus pardonnable dans un écrivain, est d'être persuadé qu'il peut faire beaucoup de bien. Nous laisserons à d'autres le ſoin d'analyſer les effets, & nous continuerons à rechercher les cauſes de cette inſtabilité qui regne dans les choſes humaines, les ſources de décadence intérieure, & les corruptions déſaſtreuſes auxquelles les nations ſont ſujettes, dans ce qu'on ſuppoſe l'état le plus parfait de civiliſation.

CHAPITRE II.

Des efforts momentanés & des relâchemens de l'esprit national.

LES observations générales que nous avons faites jusqu'ici sur les traits généraux qui caractérisent la nature humaine, tendent à nous persuader que l'homme n'est pas fait pour le repos. En lui, tout ce qui est qualité aimable & respectable est une faculté active ; tout ce qui est sujet d'éloge est un effort. Si ses erreurs, si ses crimes sont les mouvemens d'un être agissant, ses vertus & son bonheur consistent pareillement dans l'emploi qu'il fait de son cœur ; l'éclat qu'il jette au-dehors pour attirer les regards & gagner l'amour de ses semblables, comme la lumiere d'un météore, ne brille qu'autant de temps que dure son mouvement ; le moment du repos est pour lui le moment de l'obscurité. On sait qu'il peut être remué trop, aussi-bien que trop peu; que les tâches qui lui sont assignées peuvent être au-dessus, aussi-bien qu'au-dessous de ses forces; mais on ne pourroit tirer une ligne précise entre les situations capables de le harasser, & celles qui le laisseroient tomber dans la langueur. On sait qu'il est propre à une infinité de fonctions différentes qui intéressent différentes passions; & que, par le moyen de l'habitude, il se fait à toutes les positions. Tout ce que l'on peut assurer en général, c'est que, quels que soient les objets auxquels il s'attache, la constitution de sa nature demande qu'il soit occupé, & son bonheur qu'il soit juste.

Nous avons maintenant à examiner pourquoi des nations cessent d'être florissantes; pourquoi des sociétés qui ont attiré l'attention de l'espece humaine par de grands traits de magnanimité, de conduite, par leurs succès nationaux, tombent du faîte de leur gloire, & cedent dans un siecle la palme qu'elles avoient remportée dans un autre siecle. Les raisons ne manqueront pas de se présenter en foule. On en trouve une dans la légéreté & l'inconstance des hommes, qui se lassent de leurs efforts, & se dégoûtent des objets de leurs poursuites, tandis même que les motifs auxquels elles tiennent subsistent encore en partie : une autre raison est le changement de situation, & l'éloignement des objets qui entretenoient leur activité.

La sûreté publique, & les intérêts respectifs des états ; les établissemens politiques, les prétentions des partis, le commerce & les arts, voilà ce qui occupe l'attention des nations. Les avantages qu'elles obtiennent relativement à quelques-uns de ces objets, déterminent le degré de prospérité publique. L'ardeur & la vigueur avec lesquelles elles les suivent tous à la fois, sont la mesure de l'activité nationale. Quand ces mobiles cessent d'animer les esprits, on peut dire qu'une nation tombe dans l'engourdissement; quand ils sont négligés pendant un temps considérable, le peuple dégénere nécessairement, & il s'ensuit la décadence de l'état.

Chez les nations les plus hâtives, les plus entreprenantes, les plus inventives & les plus industrieuses, cette activité est intermittente; & celles qui sont les plus constantes à pousser leurs progrès ou à les soutenir, ont leurs périodes de tiédeur aussi-bien que de vivacité. Dans tous les temps, le desir de la sûreté publique est un puissant motif de conduite; mais jamais il n'opere avec autant d'efficacité, que lorsqu'il est combiné avec des passions accidentelles; qu'il est animé par les menaces d'un ennemi; qu'il est encouragé par des succès, ou aigri par des humiliations.

Tout un peuple, de même que les individus qui le composent, est sujet à être entraîné par des accès d'humeurs passageres, par des espérances impétueuses ou par des animosités violentes. Dans certains temps il se jette à corps perdu dans les affaires nationales ; dans d'autres, il s'en éloigne par pur dégoût & par lassitude. Dans les débats & les contestations domestiques, il est ardent ou froid, selon la disposition du moment. Des intérêts, ou futiles ou importans, allument des passions épidémiques, ou les éteignent. Quelquefois des partis sont tout prêts à se former, le caprice ou le hasard leur fournissent leurs dénominations & le prétexte de leur opposition ; d'autres fois, on passe sous silence les événemens de la plus grande conséquence. Si le génie vient à ouvrir une carriere nouvelle ; si un champ nouveau se présente à l'invention & aux recherches ; aussi-tôt les découvertes ou vraies ou prétendues se multiplient, & le feu de la discussion anime toutes les conversations. Qu'on vienne à découvrir une nouvelle

velle source de richesse ; ou à offrir la perspective d'une conquête, les imaginations travaillent & s'enflamment, & toutes les parties du globe s'embarquent dans des entreprises ou ruineuses ou fortunées.

Si on veut se rappeller l'ardeur que montrerent nos ancêtres, & les vues qui les animoient, lorsque s'élançant du fond de leurs antiques séjours, ils vinrent, comme un déluge, inonder les provinces de l'empire Romain ; on verra peut-être, au moins après leurs premiers succès, que les hommes sont susceptibles d'un degré de fermentation qui ne connoît point d'entreprise trop difficile, ni d'obstacle insurmontable.

Après cette époque, les siecles d'activité qu'on trouve en Europe, sont ceux où l'enthousiasme de la dévotion sonna l'alarme, & où les Croisés envahirent l'Orient, pour ravager un pays, & recouvrer un tombeau ; ceux où les peuples dans quelques états, s'armerent pour la liberté.

& oserent réclamer contre les usurpations civiles & religieuses; celui où après avoir trouvé les moyens de traverser la mer Atlantique, & doubler le cap de Bonne-Espérance, les habitans d'une moitié du monde se précipiterent dans l'autre, pour chercher de l'or au prix de dangers & de crimes de toute espece, & à travers des flots de sang.

Dans ces siecles remarquables, la contagion se communique jusqu'aux foibles & aux nonchalans, l'exemple les rend entreprenans; des Etats qui, par la nature de leur constitution, n'ont pas en eux-mêmes de quoi se soutenir long-temps dans un état de contention & d'efforts, soit que leurs efforts soient favorables, soit qu'ils soient contraires au bien de l'espece humaine, peuvent néanmoins avoir des paroxysmes d'ardeur, & montrer par instans des symptômes de vigueur nationale. A la vérité, le retour de la modération n'est à l'égard des nations de cette espece qu'une rechûte dans l'obſcurité, & la préſomption d'un ſiecle dégénere en abattement dans le ſiecle qui ſuit.

Mais dans les états fortunés relativement à leur police intérieure, l'extravagance elle-même peut, après des convulſions violentes, ſe changer en ſageſſe. Le peuple guéri de ſes folies, & éclairé par l'expérience, reprend ſes premiers erremens : ou bien ayant perfectionné ſes talens par ſa conduite au milieu même des écarts où la frénéſie l'avoit égaré, il n'en paroît que plus propre à ſuivre avec ſuccès l'objet des nations. Comme les anciennes républiques, immédiatement après quelques ſéditions alarmantes, ou comme la grande Bretagne, au ſortir de ſes guerres civiles, il conſerve l'eſprit d'activité que les troubles ont réveillé, & il tourne toute ſa vigueur du côté de la police ou de l'inſtruction, ou des arts. Des bords de l'abyme où il étoit près d'être enſeveli, il s'élance, pour ainſi dire, au plus haut degré de gloire & de prospérité.

Les hommes ne proportionnent pas à l'importance des objets le degré d'ardeur qu'ils mettent dans leurs poursuites. Séparés par l'opposition, ou réunis par des vûes communes, tout ce qu'ils desirent, c'est des prétextes pour agir. Dans la chaleur de leurs animosités, ils oublient le sujet de leurs différens; ou bien dans les raisonnemens qu'ils font sur ce sujet, ils ne cherchent qu'à jetter un voile sur leurs passions. Quand le coeur est enflammé, il n'y a point de considération qui puisse arrêter ses transports; & quand sa chaleur tombe, il n'y a point de force de raisons, point d'éloquence capable de le ranimer, & de lui rendre son impulsion.

La continuité de l'émulation entre des états rivaux, doit dépendre du degré d'égalité avec lequel leurs forces sont balancées, ou de l'efficacité des motifs qui portent un parti ou tous les partis à continuer leurs efforts. De longues paix, dans tous les périodes de la société civile indistinctement, énervent & corrompent le génie militaire. La réduction d'Athenes par Lysandre porta le coup fatal aux institutions de Lycurgue; & pour le bonheur de l'humanité peut-être, la tranquille possession de l'Italie avoit presque mis fin aux conquêtes des Romains. Au bout de quelques années de repos, Annibal trouva l'Italie peu préparée à son expédition, & les Romains disposés à borner aux rives du Pô cette ambition martiale qui, réveillée par le sentiment d'une alarme nouvelle, les conduisit dans la suite jusqu'au Rhin & à l'Euphrate.

Quelquefois des états même distingués par leurs exploits guerriers, laissent tomber leurs armes par lassitude & par ennui d'éterniser des querelles infructueuses : si ces états conservent leur indépendance, ils ne manqneront pas d'avoir souvent des occasions de réveiller & d'exercer leur vigueur. Quelquefois les hommes, même dans des gouvernemens populaires, perdent de vûe leurs droits politiques, & paroissent par instans engourdis & indifférens sur cet article; s'ils se sont réservé le pouvoir de se défendre, il n'y a pas lieu de craindre qu'ils soient long-temps sans en user; les droits politiques sont infailliblement envahis, dès qu'ils sont négligés: & les alarmes fréquentes qui viennent de ce côté-là, réveillent la vigilance des parties intéressées. L'amour des arts & des connoissances peut bien changer d'objets, même sommeiller pendant un temps; mais tant que les hommes jouissent de la liberté, tant que le mérite & les talens trouvent matiere à s'exercer; la marche de l'esprit général d'une nation peut être intermittente, & se rallentir en différens tems; mais rarement ses progrès éprouvent une interruption totale, & rarement les acquisitions d'un siecle sont entiérement perdues pour le siecle suivant.

Si nous voulons trouver les causes d'une corruption finale, nous n'avons qu'à porter nos regards sur ces bouleversemens d'état, qui écartent ou anéantissent tous les objets des talens de l'esprit & d'une noble industrie ; qui ôtent au citoyen les occasions d'agir comme membre d'un public ; qui écrasent son esprit, étouffent son activité ; avilisent ses sentimens, & le rendent incapable de toute fonction sociale.

CHAPITRE III.

Des relâchemens de l'esprit national auxquels sont sujets les états policés.

LES nations qui sont en train de se perfectionner, dans le cours de leurs progrès, ont à lutter contre des ennemis extérieurs à qui ils portent une haine extrême, & contre qui, en plusieurs rencontres, ils ont à combattre pour leur existence même en qualité de nations. Dans certains périodes, elles sentent aussi dans leur police domestique, des abus & des inconvéniens qui les molestent & leur donnent une vive impatience; & elles apperçoivent des réformes & de nouveaux établissemens à faire, dont elles se promettent les plus grands effets relativement au bonheur public. Dans les premiers âges, tout art est imparfait & susceptible de beaucoup d'accroissemens. Les premiers principes des sciences sont encore des secrets à découvrir, & une source de gloire & de triomphes pour ceux qui viennent successivement à les publier.

Pour nous faire une idée de la race humaine dans ces âges de progrès, nous pourrions la comparer à des aventuriers qui vont à la découverte de terres fertiles; le monde est ouvert devant eux; tout ce qu'ils rencontrent les frappe par l'air de la nouveauté. Ils entrent dans une contrée nouvelle, pleins d'espérance & d'alégresse; ils entreprennent tout avec avec l'ardeur de gens qui se croient au moment d'arriver au bonheur national & à une gloire permanente; & ils oublient les traverses qu'ils ont essuyées dans l'yvresse anticipée des succès qu'ils se promettent. C'est l'ignorance seule qui rend les esprits grossiers obstinés dans leurs passions & leurs préjugés; qui les prévient en faveur de leur propre situation, de leurs goûts & de leurs occupations;

& qui leur fait croire que l'état de choses dans lequel ils sont placés, est préférable à tout autre. Animés également par les bons & les mauvais succès ils sont ardens, impétueux, précipités; mais s'ils laissent aux âges plus éclairés qui viennent après eux, des monumens d'une industrie imparfaite & d'une exécution informe dans tous les arts; ils leur laissent aussi l'empreinte d'un esprit ardent & vigoureux que leurs successeurs ne sont pas toujours en état de soutenir ou d'imiter.

C'est-là peut-être ce qu'on peut admettre comme une peinture fidele des sociétés florissantes, aumoins durant certains périodes de leurs progrès. Leur marche peut être inégale dans les différens âges, & elles peuvent éprouver des paroxysmes & des intermittences provenans de l'inconstance des passions humaines, & de la fréquence ou de l'éloignement des circonstances qui leur donnent du ressort. Mais cet esprit qui, pendant un temps accélere le progrès des arts civils & du commerce, expire-t-il au moment que ſes projets ſont accomplis ? L'ouvrage de la ſociété civile peut-il arriver à ſa fin, & l'induſtrie n'avoir plus de matiere à s'évertuer ? La continuité des mauvais ſuccès n'émouſſe-t-elle pas l'aiguillon de l'eſpérance ? & les objets ne perdent-ils pas, par la familiarité, l'attrait que leur prêtoit la nouveauté ? l'expérience elle-même ne refroidit-elle pas la chaleur des ames ? Doit-on encore comparer la ſociété à l'individu, & préſumer que la vigueur d'une nation, quoiqu'elle ne ſoit point ſujette à une décadence phyſique, comme la vigueur du corps humain, ſe perd par le défaut d'exercice, & expire au terme de ſes efforts ? Les ſociétés parvenues à l'accompliſſement de tous leurs deſſeins deviennent-elles froides & indifférentes pour les objets qui, dans leur âge de groſſiéreté étoient en poſſeſſion de les remuer, comme les vieillards deviennent insensibles aux passions de la jeunesse, & dédaignent ses amusemens. Enfin, un état policé ne ressemble t-il point à un homme qui, après avoir exécuté son plan, après avoir fait son sort, bâti sa maison ; en un mot, après avoir moissonné la fleur de tous les objets, épuisé ses goûts & dissipé son activité, tombe dans la langueur, l'indifférence & l'insensibilité ? S'il en étoit ainsi, nous aurions du moins trouvé encore une autre comparaison applicable à notre sujet ; mais il est vraisemblable que la parité seroit encore imparfaite, & que les inductions qui en résulteroient, comme celles qui résultent de la plupart des raisonnemens tirés de l'analogie, seroient plus propres à amuser l'imagination qu'à répandre des lumieres certaines sur la matiere à laquelle elles se rapportent.

Les matériaux ne manquent jamais totalement à l'art des hommes, & les occupations de l'industrie sont inépuisables. L'ardeur d'une nation n'est dans aucun temps proportionnée au motif qui la met en action, ni la curiosité à l'étendue du sujet qui reste à étudier.

L'homme ignorant & sans art, à qui les objets de science sont nouveaux, & qui est mal pourvu à l'égard des commodités de la vie, au lieu d'être plus actif & plus curieux, est communément plus indolent & moins inventif que l'homme instruit & policé. Si l'on compare les occupations des hommes dans l'état grossier & dans l'état civilisé, on trouvera que dans ce dernier, elles sont infiniment agrandies & multipliées. Les questions que nous avons élevées méritent néanmoins que nous y répondions ; & si dans les âges avancés de la société, nous ne trouvons les objets d'activité ni perdus, ni diminués considérablement, du moins nous les trouvons changés; & en appréciant l'esprit national, nous verrons que l'attention qui se porte sur certaines parties, ne compense point la négligence qui croît à l'égard d'autres parties.

C'est une vérité en général, que dans toutes nos entreprises nous nous proposons un terme, un point de repos auquel il faut arriver. C'est un inconvénient dont on veut se délivrer; c'est un avantage qu'on veut se procurer, pour être en état de mettre fin à ses travaux. « Quand j'aurai conquis l'I-» talie & la Sicile, disoit Pyrrhus, » alors je me livrerai au repos ». C'est là le but qu'on se propose dans les efforts nationaux, aussi-bien que dans les efforts personnels; & que malgré l'expérience du contraire, on considere de loin comme le comble de la félicité. Mais la sage nature se joue de nos projets; elle a placé loin de notre portée ce terme chimérique d'un repos absolu. La fin d'une entreprise n'est que le commencement d'une entreprise nouvelle; & la découverte d'un art ne fait qu'allonger le fil qui nous conduit à d'autres recherches, & à nous soutenir au milieu du labyrinthe par l'espérance d'en sortir.

Parmi les occupations qui tendent à exercer le génie & à perfectionner les talens, on doit compter celles qui ont rapport aux commodités de la vie & à la richesse : ce qui comprend toutes les différentes inventions qui servent à l'augmentation des manufactures & à la perfection des métiers. Mais il faut avouer que, comme les matériaux du commerce peuvent s'accroître & se multiplier à l'infini, de même aussi les arts qui s'appliquent à les perfectionner, sont susceptibles de raffinemens à l'infini. On ne voit pas qu'il y ait de degré d'opulence ou d'industrie qui diminue ce qu'on appelle les besoins de la vie ; l'abondance & le raffinement enfantent sans cesse de nouveaux desirs en même-temps qu'ils suggerent les expédiens, & fournissent les moyens de les satisfaire.

Le résultat du développement des arts, c'est que l'inégalité des fortunes se trouve considérablement augmentée, & que la plus grande partie de la nation est forcée par la nécessité, ou du moins fortement sollicitée par l'ambition & la cupidité, à faire usage de tous les talens qu'elle possede. Après plusieurs mille ans consacrés aux manufactures & au commerce, les habitans de la Chine sont encore aujourd'hui le peuple le plus laborieux & le plus industrieux qu'il y ait sur la surface de la terre.

On peut étendre à la littérature & aux arts d'élégance une partie de cette observation. Leurs matériaux sont également inépuisables, & ils tiennent à des desirs qui ne peuvent être assouvis. Mais la considération que l'on accorde au mérite littéraire, n'est pas chose permanente, c'est une affaire de mode, par conséquent sujette à des vicissitudes. Lorsque les productions savantes se sont multipliées, on emploie à acquérir du savoir tout le temps que l'on eût pu employer à inventer. Des talens médiotres & même inférieurs suffisent pour faire un érudit, & l'éclat de quelques hommes vraiment supérieurs, est affoibli par le nombre des prétendans dont la liste grossit chaque jour. Quand on ne fait qu'apprendre ce que d'autres ont pensé, il est vraisemblable que les lumieres que l'on peut acquérir, n'égaleront pas celles des maîtres. On continue à prononcer avec admiration les noms illustres, après qu'on a cessé d'examiner les titres sur lesquels leur réputation est fondée ; on rejette avec dédain les nouveaux aspirans, non point parce qu'ils sont au-dessous de leurs prédécesseurs, mais parce qu'ils ne sont pas au-dessus d'eux ; ou bien parce qu'en effet on a admis sur parole & sans examen le mérite des premiers, & que l'on n'est en état de juger ni les uns ni les autres.

Après que les bibliothéques sont fournies, & que toutes les routes du génie sont frayées, nous nous prévenons contre les nouveaux essais en proportion de notre estime pour ce que nous possédons. Nous étudions, nous admirons les modeles, au lieu de joûter contre eux; & nous mettons la connoissance des livres à la place de l'esprit inventif & ardent qui les a dictés.

Les arts de commerce & de lucre peuvent continuer à prospérer; mais l'ascendant qu'ils gagnent, est toujours aux dépens d'autres objets. L'amour du gain étouffe l'amour de la perfection; l'intérêt enflamme le coeur & glace l'imagination; & faisant préférer les occupations à proportion que le profit qu'elles donnent est plus considérable & plus certain, il confine le génie, & même l'ambition au fond d'un comptoir ou d'un attelier.

Mais indépendamment de ces considérations, la séparation des professions qui semble favorable aux progrès de l'industrie, & qui fait réellement que les productions de tous les arts deviennent plus parfaites à mesure que le commerce s'étend, produit néanmoins, en dernier résultat, de fâcheux effets ; elle substitue la forme à la place des efforts du génie ; elle rompt en quelque sorte les liens de la société, & éloigne les individus du théâtre commun d'occupation, où les mouvemens de l'ame & les forces de l'esprit trouvent à s'exercer de la maniere la plus heureuse.

La distinction des professions éleve des séparations entre les différens membres d'une société policée : chaque individu possede un talent particulier & un genre d'habileté, à l'égard desquels tous les autres se reconnoissent ignorans ; & la société se trouve composée de parties dont aucune n'est animée par l'esprit de la société elle-même. « Nous voyons, disoit Périclès, » dans les mêmes per» sonnes, autant de zele pour la chose » publique, que pour leur chose parti» culiere ; & dans des hommes voués » à des professions exclusives, une

» connoissance suffisante des affaires
» qui intéressent la communauté; car
» nous sommes la seule nation chez
» qui l'on compte pour rien tout
» citoyen indifférent sur les intérêts
» de l'état ». Périclès ne faisoit vraisemblablement cet éloge des Athéniens, que parce qu'il sentoit que le reproche contraire pouvoit leur être fait par les ennemis, ou que bientôt ils leur donneroient lieu à le leur faire. Aussi arriva-t-il que les affaires d'état, de même que la partie de la guerre, furent très-mal administrées à Athenes, lorsque les fonctions qui y ont rapport & toutes les autres fonctions, y furent devenues les objets de professions distinctes; & l'histoire de ce peuple montre évidemment que les individus cesserent d'être citoyens, & même d'être orateurs & poëtes, à mesure qu'ils se vouerent exclusivement à ces talens & aux autres arts.

Les animaux, que la nature a traités d'une maniere moins distinguée que nous, ont assez de sagacité pour trouver leur subsistance, & les moyens de se procurer leurs plaisirs solitaires. Il est réservé à l'homme seul de délibérer, de persuader, de se mettre en opposition, de s'enflammer dans la société de ses semblables, & de perdre dans la chaleur de l'amitié ou de l'opposition, jusqu'au sentiment de sa sûreté & de son intérêt personnels.

Sommes-nous englobés dans quelqu'une des divisions qui partagent l'espece humaine, sous les dénominations de patrie, de tribu, ou d'un ordre d'hommes animés de quelque maniere que ce soit par des intérêts communs, & guidés par des passions qu'ils se communiquent, alors notre ame semble avoir rencontré son poste naturel; & les sentimens du cœur & les talens de l'esprit avoir trouvé l'exercice qui leur convient. Les qualités qu'exige un pareil théâtre, sont la sagesse, la vigilance, la fidélité, le courage, & c'est-là aussi la position la plus propre à perfectionner ces qualités.

Durant les âges de simplicité ou de barbarie, que les nations sont foibles & toujours aux prises avec des ennemis, l'attachement à un pays, à un parti, à une faction, ne sont qu'une même chose. Le public est une troupe d'amis qui ont pour ennemis le reste de l'espece. La mort ou l'esclavage sont les malheurs ordinaires dont ils ont à se garantir ; la victoire & la domination sont les fins auxquelles ils aspirent. La crainte des calamités qui suivent une invasion de la part des étrangers, est pour toute société florissante le seul motif d'augmenter ses forces & de reculer ses limites. La sécurité augmente à mesure qu'on y réussit. Les habitans des districts intérieurs, éloignés des frontieres, ne savent plus ce que c'est que les alarmes du dehors. Ceux qui sont placés aux extrêmités, loin du siége du gouvernement, n'entendent plus rien aux intérêts politiques, & le public devient peut-être un objet trop vaste pour que ni les uns ni les autres puissent en avoir idée. Ils jouissent de la protection de ses loix ou de ses armes; ils tirent vanité de sa splendeur & de sa puissance; mais ces vifs sentimens d'affection publique qui, dans les petits états, se confondent avec ceux de pere & d'amant, d'ami & de camarade, perdent une grande partie de leur vivacité & de leur énergie, uniquement parce que leur objet s'est agrandi.

Les mœurs des nations grossieres ont besoin d'être réformées. Les guerres extérieures & les dissentions domestiques sont des théâtres de passions violentes & sanguinaires. Un état plus calme produit un grand nombre d'effets heureux. Mais si une nation continue à suivre les vues d'agrandissement & de pacification, au point que ses membres ne puissent plus sentir les liens communs de la société, & que leur zele & leur affection pour les intérêts de leur pays se refroidissent, cette nation tombera infailliblement dans l'inconvénient opposé; & faute d'avoir laissé subsister de quoi donner du ressort aux esprits, elle éprouvera bientôt les langueurs de l'engourdissement, & peut-être une prochaine décadence.

Il peut donc arriver que les membres d'une communauté semblables aux habitans d'une province conquise, perdent le sentiment de toute connexion, excepté celle de la parenté ou du voisinage; qu'ils n'ayent plus d'affaires communes à traiter que des affaires de commerce : rapports où l'amitié & la probité peuvent encore trouver matiere à se signaler, mais où l'esprit national dont nous examinons ici les flux & reflux, n'a plus rien à démêler.

Cependant ce que nous observons ici touchant l'agrandissement & sa tendance à relâcher les liens de l'union politique, ne peut s'appliquer aux nations qui, resserrées dans leur origine

origine, n'ont jamais cherché à s'agrandir considérablement; ni à celles qui, dans l'état de grossiéreté, avoient déja l'étendue d'un grand royaume.

Dans les territoires d'une vaste étendue, soumis à un seul gouvernement, & où la liberté est établie, l'union nationale, dans les siecles grossiers, est très-imparfaite. Chaque district forme une partie séparée; & sous les dénominations de *Clans* ou de *Tribus*, les descendans des différentes familles sont opposés les uns aux autres: rarement ils se réunissent d'une maniere assez stable pour agir long-temps de concert; le plus souvent leurs haines & leurs animosités leur donnent l'air de nations en guerre les unes contre les autres, plutôt que d'un peuple réuni par les liens politiques. Cependant, au milieu de leurs dissentions particulieres, au milieu d'un désordre pernicieux à tout autre égard, ils acquierent une vigueur dont l'énergie, dans bien des occasions, tourne au profit de la puissance publique.

Quelle que soit l'étendue nationale, les avantages les plus précieux, les plus importans sont l'ordre civil & la régularité du gouvernement; mais il ne s'ensuit pas pour cela que toutes les especes d'arrangemens faits dans la vue d'obtenir ces avantages, & qui ne peuvent se faire sans exercer & cultiver les plus belles qualités des hommes, soyent par-là même de nature à produire des effets permanens, & à assurer la durée de cette vigueur nationale qui leur a donné naissance.

On a bien raison de se défier des raffinemens politiques des hommes d'un génie ordinaire, lorsqu'on voit qu'ils tendent principalement à produire le repos ou même l'inaction; que souvent leurs systêmes de gouvernement sont disposés de maniere non pas seulement à prévenir l'injustice & l'erreur, mais à supprimer l'agitation & le mouvement; & qu'avec les barrieres qu'ils opposent aux mauvaises actions des hommes, ils finiroient par les empêcher d'agir tout-à-fait. Aux yeux des politiques de cette espece, toute dispute parmi un peuple libre dégénere en désordre & paroît une infraction, une perturbation de la tranquillité publique. Ecoutez-les s'écrier : Quelles ardeurs indiscretes ! voilà les affaires interrompues, plus de secret dans les conseils, plus de célérité dans l'exécution, plus d'ordre, plus de police ! On seroit tenté de croire que ces hommes sublimes sont persuadés que le vulgaire n'a ni le droit d'agir, ni le droit de penser. Un grand prince s'est amusé à tourner en ridicule les précautions qui ont été prises chez un peuple libre pour restreindre la fonction des juges à l'application stricte & positive de la loi (*a*).

Nous ne sommes déja que trop

(*a*) Mémoires de Brandebourg.

portés à faire bonne composition sur la mesure de liberté qu'on pourroit laisser aux hommes sans inconvénient & sans exposer l'ordre public. Les agitations d'un état républicain, & la licence de ses membres inspirent de l'aversion & du dégoût aux sujets d'un état monarchique. La liberté qu'ont les Européens de parcourir à leur gré les rues & les campagnes paroîtroit à un Chinois un avant-coureur certain de confusion & d'anarchie. « Comment des hommes » peuvent-ils envisager leur supérieur » sans trembler ? comment peuvent-» ils vivre & converser ensemble, » sans un cérémonial écrit & positif ? » comment compter sur la tranquil-» lité publique, si l'on n'a le soin de » barricader les rues à une certaine » heure ? quel désordre affreux si » l'on permet aux hommes de faire » en toute chose ce qui leur plaît » !

Si les précautions que prennent ainsi les hommes les uns contre les autres étoient nécessaires pour prévenir les crimes, & qu'elles ne fussent pas l'ouvrage d'une ambition dépravée ou d'une jalousie cruelle de la part de ceux qui les gouvernent, on pourroit applaudir le procédé en lui-même, comme le meilleur expédient contre les vices de l'espece. Il faut tenir la vipere dans l'éloignement, & le tigre dans les chaînes. Mais si une police rigide, plus propre à asservir les individus qu'à les contenir, aboutit effectivement à corrompre les moeurs, & à anéantir l'énergie des nations; si la sévérité de cette police sert moins à réformer les abus qu'à mettre fin aux agitations d'un peuple libre; si bien souvent on loue certaines formes comme salutaires, uniquement parce qu'elles tendent à étouffer la voix de l'humanité, ou si on les condamne comme pernicieuses, parce qu'elles permettent à cette voix de se faire entendre; on trouvera que la plupart des perfectionnemens si vantés de la Société Civile, ne sont que des inventions imaginées pour tenir en bride la vigueur politique & enchaîner les vertus actives des hommes, plutôt que leurs inclinations inquietes & turbulentes.

S'il est un peuple dont la police ait pour objet avoué dans tous ses raffinemens intérieurs, de mettre en sûreté la personne & la propriété du sujet, sans s'embarrasser de son caractere politique, il peut se faire que sa constitution soit effectivement libre, mais que ses membres deviennent indignes de leur liberté & très peu propres à la conserver. Peut-être que l'effet d'une pareille constitution sera de lâcher la bride à tous les ordres de citoyens, de livrer les uns à leur goût pour les plaisirs dont ils jouissent sans inquiétude, & les autres à l'amour du gain dont les produits leur sont assurés sans qu'ils aient à songer au bien public.

Si tel est le terme des travaux politiques, le plan une fois exécuté, en assurant à l'individu son état & les moyens de ſubbſtance, peut aboutir à l'anéantiſſement des vertus mêmes qui furent néceſſaires pour le mettre à exécution, parce qu'il en rendroit l'uſage inutile. L'homme qui conjointement avec ſes concitoyens eſt aux priſes avec l'uſurpation pour défendre ſon bien ou ſa perſonne, a de quoi ſignaler de la force d'eſprit & de la grandeur d'ame; mais celui qui, à la faveur d'établiſſemens politiques par leſquels ces deux points ſont cenſés lui être aſſurés, ne penſe qu'à jouir de ſa fortune, parce qu'il n'a rien à craindre; celui-là convertit réellement en ſource de corruption les avantages mêmes dont il eſt redevable aux vertus d'autrui. Dans certains âges les individus tirent principalement leur protection de la force du parti auquel ils ſont attachés: mais dans les temps de corruption, ils ſe flattent de pouvoir continuer à tenir du public cette ſûreté que dans les âges précédens ils étoient obligés de tirer de leur propre vigilance, de leur activité, de l'affection & de l'attachement de leurs amis, & de l'usage de toute espece de talent propre à les faire respecter, craindre ou aimer. Ainsi dans l'un de ces deux périodes, les seules circonstances excitent la vigueur & conservent les moeurs des hommes; & dans l'autre, il faut pour cela beaucoup de sagesse & un grand amour du bien public dans ceux qui gouvernent.

Rome, comme on peut le croire, ne mourut point de léthargie; elle ne périt point par un refroidissement de fermentation intérieure. Son mal paroît avoir été d'une nature plus violente & plus aigue. Cependant si Brutus & Caton, dans ces derniers momens de la république expirante, trouverent encore de quoi faire éclater leurs vertus, Atticus durant ce même orage trouva sa sûreté dans la neutralité & dans une prudente retraite; & le grand corps du peuple fut à peine ébranlé, il ne fit que ſuivre le cours du torrent qui renverſa les citoyens des rangs ſupérieurs. Le ſentiment d'un public étoit effacé dans l'eſprit du peuple ; l'animoſité même des factions étoit ralentie : il n'y avoit à gagner dans le bouleverſement que pour ceux qui étoient ſoldats dans les légions, ou partiſans d'un Chef. Mais ce ne fut pas faute d'hommes d'un mérite éminent que cet état tomba dans l'obſcurité. Si, dans le temps dont nous parlons, il ne s'agit que de trouver quelques noms diſtingués dans l'hiſtoire de l'eſpece humaine, il n'eſt pas de période qui nous en offre une liſte plus nombreuſe. Mais ces noms s'illuſtrent en ſe diſputant le pouvoir abſolu, & non en défendant la liberté & l'égalité : la nation étoit corrompue; l'empire du monde connu avoit beſoin d'un maître.

En général les gouvernemens républicains courent riſque de périr par l'aſcendant des factions particulieres & par l'eſprit mutin de la populace, qui dès qu'elle est corrompue, n'est plus propre à avoir part à l'administration de l'état. Mais dans les autres constitutions où la liberté peut être établie d'une façon plus solide, si les hommes sont corrompus, la vigueur nationale se perd par l'abus de la sécurité même qui résulte de la prétendue perfection de l'ordre public.

Une distribution du pouvoir & des offices, une exécution de la loi, assez parfaites pour prévenir ou réprimer les usurpations & les vexations mutuelles, pour assurer pleinement à l'individu sa liberté personnelle & sa propriété, sans qu'il ait besoin d'amis, ni d'intrigue, sans qu'il en soit redevable à personne; sans doute ces précieux avantages font un honneur infini au génie d'une nation; ils n'ont pu être portés à ce haut degré de perfection, que par une conduite pleine de sagesse & d'intégrité, & par ces traits de vigueur & de résolution qui font l'ornement des annales d'un peuple, & sont pour les âges futurs l'objet de l'admiration & des éloges les plus légitimes. Mais si ce but une fois atteint, nous supposons que les individus, au sein de la liberté, cessassent d'agir par des sentimens généreux, & dans la vue de maintenir les moeurs publiques ; s'ils s'imaginoient que leur sûreté n'exige plus d'eux ni vigilance ni efforts personnels, il pourroit bien se faire que ces avantages si vantés n'aboutissent qu'à leur procurer les moyens de jouir à loisir des commodités de la vie, ou, pour parler le langage de Caton, à leur apprendre à chérir leurs palais, leurs maisons de campagne, leurs peintures & leurs sculptures plus que la république. Il pourroit se faire qu'en secret ils s'ennuyassent de cette constitution libre, qu'ils ne cesseroient d'exalter dans leurs entretiens, & à laquelle leur conduite n'auroit aucun rapport.

Ce n'est point les dangers dont la

liberté peut être menacée, que nous nous proposons de considérer en ce moment; les plus grands qu'elle ait à redouter, sont ceux qui naissent du relâchement que nous supposons dans une nation; la constitution quelle qu'elle soit, ne peut tenir sa stabilité que du mobile auquel elle dut son établissement, la vigueur personnelle des citoyens; & jamais ce don précieux n'est moins assuré, que lorsqu'il est entre les mains d'hommes qui ne craignent point de le perdre, & qui, en conséquence, ne considerent l'état que sous le point de vue des emplois lucratifs qu'il offre à leur cupidité, & auxquels ils sont toujours prêts à sacrifier jusqu'à ces droits personnels, à qui ils doivent les égards & la considération dont ils jouissent.

Ces réflexions tendroient donc à faire croire que si l'énergie nationale est sujette à des vicissitudes, c'est moins une maladie inhérente à la nature humaine, qu'une corruption

& une négligence volontaire. Peut-être que cette énergie est attachée seulement à l'exécution d'un certain nombre de projets, tels que ceux qui ont rapport à l'acquisition du territoire & de la richesse; & qu'après que l'objet est rempli, elle se rouille comme une arme qui ne sert plus à rien.

Les établissemens ordinaires aboutissent au relâchement de la vigueur, & sont incapables de soutenir les états; parce qu'ils accoutument les hommes à compter sur leurs arts & non sur leurs vertus, & à prendre pour perfectionnement de la nature humaine, ce qui n'est qu'une augmentation de richesse & de bien-être. Des institutions qui fortifieroient l'ame, qui inspireroient le courage, qui n'auroient pour but que la félicité nationale, ne peuvent tendre à la décadence des nations.

Est-il donc impossible que notre admiration pour les arts laisse quelque place à de pareilles institutions?

répondez pour votre compte, hommes d'état chargés du gouvernement des nations. C'est à vous à nous montrer si vous n'aspirez aux postes éminens, que pour satisfaire votre avidité qui pourroit s'assouvir plus complettement dans l'obscurité; & si vous avez des idées justes sur le bonheur d'un peuple dont vous êtes si empressés d'entreprendre les affaires.

CHAPITRE IV.

Continuation du même sujet.

SOUVENT les hommes s'oublient eux-mêmes tandis qu'ils s'appliquent à améliorer leur fortune ; & tandis qu'ils s'épuisent en raisonnemens sur les intérêts de leur pays, ils perdent de vue la chose qui mérite le plus leur attention. La population, la richesse & les autres mobiles relatifs à la guerre, voilà les objets de la plus haute importance : mais les nations ne sont-elles pas composées d'hommes ? & une nation composée d'hommes abatardis & lâches, n'est-elle pas une nation foible ; au lieu que celle qui est composée d'hommes vigoureux, déterminés & animés d'un esprit public, est une nation forte & puissante. Toutes choses d'ailleurs égales, les moyens relatifs à la guerre décident une querelle ; mais qu'est-ce que sont ces moyens dans des mains qui ne savent pas en faire usage ?

La vertu est une base nécessaire à la force nationale : l'habileté & la vigueur d'esprit sont également nécessaires pour maintenir la fortune des états. C'est l'instruction, c'est les exercices auxquels les hommes sont adonnés, qui perfectionnent ces qualités. Nous regardons d'un œil de dédain ou de pitié le partage de l'espece humaine, tant qu'elle continue à vivre sous des établissemens incertains, & que le même individu est obligé de jouer à la fois le personnage de sénateur, d'homme d'état & de soldat. Les nations policées trouvent qu'un seul de ces rôles suffit pour occuper une personne toute entiere ; & que, lorsqu'ils sont séparés, chacun remplit plus aisément son objet. Cependant c'est durant ce premier état de choses que les nations prosperent & s'avancent à la perfection, au lieu que durant l'autre période, elles voyent leur énergie

tie de ses plans ; mais aucun qui soit en état d'agir dans toutes les différentes conjonctures auxquelles un Chef doit être préparé, soit pour le maniement des affaires, soit pour la conduite des armées, dans les momens de calme ou d'agitation, au milieu des troubles ou dans le sein de la concorde ; aucun qui puisse porter de la vigueur dans les conseils, lorsqu'il s'agit de décider dans les occasions ordinaires, ou lorsque l'état est alarmé par des attaques au-dehors.

La police de la Chine est le modele le plus parfait dans ce genre d'arrangement qui est le but des raffinemens ordinaires en fait de gouvernement ; & les habitans de cet empire possédent dans le plus haut degré ces arts dans lesquels les esprits vulgaires font consister la grandeur & la félicité des nations. L'Etat a porté sa population & les autres ressources de la guerre à un point qui n'a pas son égal dans l'histoire de l'espece humaine. On a fait ce que nous sommes si fort enclins à admirer ; on a mis les affaires nationales à la portée des moindres talens ; on les a morcelées & divisées en départemens séparés ; on a attaché à toute espece de procédé un cérémonial imposant & des formes majestueuses, & lorsque le respect pour les formes ne suffit pas pour prévenir le désordre, une police rigoureuse & severe vient à son secours, armée de tous les genres de punitions corporelles. Le citoyen de toute condition a le fouet & le bâton à redouter ; le magistrat qui en ordonne l'usage, les craint pour lui-même. Un mandarin est fouetté pour avoir fait donner à un filou trop ou trop peu de coups.

Chaque département forme une profession particuliere ; il faut que tout homme qui aspire à une place, ait passé par une éducation réguliere ; & qu'il ait obtenu par ses progrès ou par un certain temps d'étude le degré auquel il veut parvenir, de la même maniere que l'on parvient aux grades de nos universités. Les tribunaux de l'état, de la guerre & des finances, aussi-bien que ceux de littérature, sont occupés par des gradués dans les connoissances qui ont rapport à chacun de ces départemens : mais si d'un côté la science est le moyen sûr d'obtenir la préférence, d'un autre côté cette science se réduit à savoir lire & écrire ; & la grande affaire du gouvernement ne s'étend pas au-delà de ce qui concerne la production & la consommation des fruits de la terre. Avec toutes ces ressources & tout cet appareil d'instruction qui devroit servir à tirer un grand parti de ces ressources, l'état est réellement foible ; il a donné à plus d'une reprise l'exemple de la révolution dont nous cherchons à expliquer les causes ; & parmi ces docteurs en fait de guerre & de police, parmi des millions d'hommes voués exclusivement à la profession des armes, il ne s'en trouve aucun capable de secourir son pays dans les momens de détresse & de le défendre contre les invasions réitérées d'un ennemi qu'ils regardent comme méprisable & grossier.

Il n'est pas aisé de dire combien de temps on pourroit retarder la décadence des états en encourageant la culture des arts d'où dépend réellement leur force & leur félicité; en excitant dans les citoyens des rangs les plus élevés le goût des talens nécessaires à la guerre & dans les conseils, qu'on ne peut séparer sans y perdre les plus grands avantages; & en nourrissant dans le corps du peuple cet amour de la patrie & ce caractere guerrier qui le met en état d'agir personnellement pour le maintien de ses droits.

Il peut venir un temps où tout propriétaire en seroit réduit à défendre ses possessions, & tout homme libre à combattre pour conserver son indépendance personnelle. On pourroit croire que dans une pareille détresse une armée de troupes mercenaires seroit une sauve-garde suffisante; mais n'arrive-t-il pas quelquefois que ces troupes elles-mêmes sont l'ennemi contre lequel un peuple est contraint d'en venir aux mains? Ici nous n'avons en vue aucune application particuliere; & nous nous flattons qu'une pareille extrêmité est bien loin de nous; mais en raisonnant sur les révolutions générales des affaires humaines, nous ne pouvons nous dispenser d'établir cette supposition & de rechercher les circonstances où le cas est arrivé. Il est arrivé toutes les fois qu'une nation policée est devenue la proie d'une nation grossiere, & toutes les fois que le paisible habitant a été réduit en servitude par la force militaire.

Si la défense & le gouvernement d'une nation dépend d'un petit nombre d'hommes qui fassent métier de la conduite de l'état ou des armées; soit que ces hommes soient étrangers ou nationaux; soit qu'on réussisse à les chasser tout d'un coup, comme les anciens Bretons chasserent la légion Romaine ; soit qu'ils se tournent contre leurs commettans, comme fit l'armée de Carthage ; soit enfin qu'ils soient dispersés & écrasés par un coup de fortune inattendu ; il faudra toujours, en pareils cas, que le peuple lâche & indisciplinée reçoive dans son sein un ennemi ou étranger ou domestique, de la même maniere qu'il essuyeroit un fléau public, un tremblement de terre, avec un étonnement & un effroi qui ne lui laissent aucun espoir, & le grand nombre de cette multitude impuissante ne servira qu'à augmenter le triomphe du conquérant, & à lui offrir une plus riche dépouille.

Une suspension des regles ordinaires suffit pour déconcerter les ministres & les généraux accoutumés à être guidés par les formes ; au moindre dérangement ils désesperent du salut de l'état ; ils n'étoient propres qu'à suivre une certaine routine ; s'ils se voyent forcés à s'en écarter, ils se trouvent véritablement incapables de traiter avec les hommes. Ils ne faisoient que remplir leur part de formalités dont ils n'avoient point su pénétrer l'esprit ; & suivant leur maniere de voir, l'état lui-même cesse d'exister au moment où la marche des choses cesse d'être la même. Le nombre, les possessions, les ressources d'un grand peuple ne présentent plus à leurs yeux qu'un théatre de confusion, de terreur & de désespoir.

Dans les siecles grossiers les dénominations de *communauté*, de *peuple*, de *nation*, signifioient un nombre d'hommes ; & l'état étoit réputé sauf & entier tant que ses membres subsistoient. Les Scythes en fuyant devant Darius, se moquoient de son entreprise puérile : Athenes survécut aux dévastations de Xerxès ; & Rome, dans son état de grossiéreté, à celles des Gaulois. Chez les nations policées & mercantiles, le cas est quelquefois tout contraire. La nation est

est un territoire cultivé & enrichi par ses propriétaires ; si l'on détruit la possession, quoique le possesseur reste, l'état est perdu.

Il est vraisemblable que cette mollesse de caractere & cette foiblesse qu'on reproche quelquefois aux nations policées, n'est qu'une maladie de l'ame. La force de tout animal, celle de l'homme en particulier, dépend de sa nourriture & de l'espece de travail à laquelle il est accoutumé. Une subsistance saine & un travail pénible qui sont le partage du grand nombre dans tout pays policé & commerçant, assurent à l'état une multitude d'hommes doués de la force du corps & endurcis aux travaux & à la fatigue.

On peut même observer qu'une vie délicate & l'habitude de toutes les commodités ne sont pas ce qui énerve le corps. Les armées d'Europe ont été forcées d'en faire l'expérience ; des fils de familles opulentes, nourris dans les délicatesses,

s'affoiblir & penchent vers leur déclin.

Il y a lieu sans doute de féliciter notre espece de s'être tirée d'un état de désordre & de violence barbares, pour arriver à un état de paix intérieure & de police réguliere ; d'avoir abjuré l'usage du poignard & désarmé les animosités des débats civils ; d'en être venue au point de ne plus employer dans ses querelles d'autres armes que l'ascendant de la raison & la force de l'éloquence. Mais en même temps on ne peut s'empêcher de déplorer que tous ses progrès dans la recherche de la perfection aboutissent toujours à amener à un comptoir toutes les parties de l'administration ; & au lieu d'employer des hommes d'état, de n'avoir plus d'occupation à donner qu'à des Arithméticiens & à des Commis.

En suivant un pareil systême dans toute sa portée, il se forme des hommes, qui peuvent bien copier pour César ses instructions militaires, ou même exécuter une par-

élevés avec les plus tendres soins, se sont trouvés aux prises avec le Sauvage. En imitant ses talens, ils ont appris à traverser comme lui des forêts immenses & à subsister en toute saison dans des déserts. Peut-être ont-ils recouvré cette vérité qu'il avoit fallu plusieurs siecles aux nations civilisées pour oublier : c'est que la fortune d'un homme est entiere tant qu'il reste possesseur de sa personne.

Il y a lieu de croire néanmoins que, parmi les nations célebres de l'antiquité dont le destin a fourni tant d'observations sur les vicissitudes des affaires humaines, il y en a peu qui aient fait de grands progrès dans ces arts énervans dont nous avons parlé; ou qui aient établi chez elles ces arrangemens dont on pourroit supposer que provient le danger en question. Les Grecs en particulier, dans le temps qu'ils subirent le joug des Macédoniens, n'avoient certainement point porté les arts de commerce à un aussi haut degré qu'il est ordinaire de les voir portés chez les nations de l'Europe les plus florissantes & les plus fortunées. Ils avoient encore conservé la forme de républiques indépendantes ; le peuple étoit admis généralement à prendre part au gouvernement ; & comme ils n'avoient pas de quoi soudoyer des armées, ils étoient obligés par la nécessité, à concourir personnellement à la défense de leur pays. Leurs guerres continuelles & leurs commotions intestines les avoient accoutumés aux dangers & familiarisés avec les allarmes & la détresse : ils étoient par conséquent encore réputés les meilleurs soldats & les plus habiles politiques du monde connu. Cyrus le jeune, avec leur assistance, se promit la conquête de l'Asie ; & après son désastre, un corps de dix mille hommes, quoique privé de ses généraux, brava, dans une retraite à jamais mémorable, toutes les forces militaires de l'empire Persan. Le conquérant de l'Asie, lui-même, ne se crut assez fort pour entreprendre son expédition, que lorsqu'il eut formé une armée des débris des républiques de la Grece subjuguées.

Il faut avouer cependant que, dès le siecle de Philippe, l'esprit militaire & politique de ces peuples paroît déja déchu considérablement, peut-être parce qu'il avoit été altéré par la multitude d'intérêts nouveaux, de nouveaux objets de passion, aussi-bien que par le goût des plaisirs qui s'étoient emparés des citoyens : ils avoient même déja séparé en quelque sorte le caractere civil & militaire. Phocion, dit Plutarque, ayant remarqué que les hommes principaux de son temps se partageoient entre les différentes carrieres, que les uns se vouoient au maniement des affaires civiles, les autres à l'art de la guerre, aima mieux suivre l'exemple des capitaines des siecles précédens, des Thémistocles, des Aristides, des Periclès qui étoient également propres aux fonctions de la paix & de la guerre.

On trouve dans les harangues de Démosthenes des allusions continuelles à cet état de moeurs. Il exhorte les Athéniens non pas seulement à déclarer la guerre, mais encore à prendre eux-mêmes les armes pour l'exécution de leurs projets militaires. On voit dans cet Orateur qu'il y avoit alors un ordre d'hommes qui faisoient métier de la guerre, qui passoient facilement du service d'un état à celui d'un autre ; & qui, lorsqu'ils se voyoient sans emploi chez eux, alloient faire des expéditions au-dehors pour leur propre compte. Peut-être ces guerriers ne le cédoient-ils pas à ceux des siecles précédens ; mais ils n'étoient point attachés à un état en particulier ; & les habitans sédentaires des villes ne se croyoient plus capables de faire le service militaire. Peut-être la discipline des armées étoit-elle perfectionnée ; mais la vigueur des nations étoit dans son déclin. Philippe & Alexandre, après la défaite des armées Grecques, composées principalement de soldats de fortune, eurent bon marché du reste des habitans: & lorsque le dernier dans la suite eut pris à son service ces mêmes soldats & qu'il entreprit la conquête de l'empire des Perses, il parut avoir emmené avec lui presque tout ce qu'il y avoit d'esprit martial; & n'avoir pas eu besoin de prendre d'autres mesures que d'éloigner les guerriers de profession, pour maintenir, pendant son absence, son autorité sur ce peuple naturellement mutin & prompt à la révolte.

Il est vrai qu'à certains égards la subdivision des arts & métiers tend à en perfectionner la pratique & à étendre leur objet & leur utilité. A la séparation du métier de Tanneur & de celui de Drapier nous avons gagné d'être mieux chaussés & mieux vêtus. Mais séparer les talens qui font le citoyen & l'homme d'état, les arts de la police & de la guerre, c'est vouloir morceller le caractere de l'homme & détruire ces arts mêmes que l'on a intention de perfectionner. C'est priver en effet un peuple libre de ce qui est nécessaire à sa sûreté; c'est établir contre les invasions du dehors un état de défense qui facilite l'usurpation au-dedans & favorise l'établissement du gouvernement militaire.

Il y a lieu d'être surpris en voyant que certaines connoissances militaires, chez les Romains, ne remontent pas plus haut que la guerre contre les Cimbres. Ce fut alors, au rapport de Valere Maxime, que les soldats Romains apprirent des gladiateurs le maniement de l'épée: & suivant cet écrivain, les antagonistes de Pyrrhus & d'Annibal ignoroient jusqu'aux premiers élémens de leur métier. Déja par le bon ordre de leurs armées, par le choix de leurs campemens, ils avoient imprimé la terreur & le respect au général Grec, &

l'avoient contraint à solliciter la paix, non par leurs victoires ; mais par leur constance & leur vigueur nationales, après des défaites réitérées. Peut-être que le Romain fier & altier avoit senti l'avantage de l'ordre & de l'ensemble, sans vouloir se rabaisser aux talens subalternes du soldat mercenaire ; il avoit le courage d'affronter les ennemis de la patrie, quoiqu'il n'eût point étudié l'usage de ses armes, dans la vue de se garanrir des blessures. Il pouvoit ne pas prévoir qu'il dût venir un tems, où les nations, à force de rafinement & d'habileté, réduiroient l'art de la guerre à un petit nombre de formes techniques ; où il y auroit presqu'autant de différence entre le soldat & le citoyen qu'il y en a entre les deux sexes ; où le citoyen deviendroit possesseur d'une propriété, qu'il ne seroit ni obligé, ni capable de défendre ; tandis que le soldat seroit chargé de conserver pour autrui ce qu'il auroit appris à convoiter pour lui-même, ayant en mains le pouvoir de se l'approprier; en un mot, qu'une portion d'hommes seroit intéressée à la conservation des établissemens civils, sans avoir la force de les défendre; & que l'autre auroit cette force sans être portée ni par son intérêt, ni par son inclination, à en faire usage.

C'est-là cependant ce qui arriva chez ce peuple; il parvint par dégrés à mettre sur ce pied ses forces militaires. Marius fit une innovation capitale dans la maniere de lever les soldats dans Rome: il remplit ses légions d'indigens & d'hommes du bas peuple qui avoient besoin de leur solde pour subsister; il créa une force fondée uniquement sur la discipline & sur l'adresse du gladiateur; il apprit à ses troupes à tourner leurs armes contre la constitution de leur patrie, & donna un exemple qui fut bientôt adopté & porté plus loin par ses successeurs.

Les Romains avec leurs armées

se proposoient seulement de miner la liberté des autres nations pour conserver la leur. Ils ne pensoient pas que tenir rassemblés des soldats de fortune, & laisser un chef disposer à son gré d'une armée disciplinée, c'étoit en effet renoncer à leurs droits politiques & donner un maître à l'état. Enfin ce peuple dont la passion dominante fut la déprédation & les conquêtes, finit par être lui-même la victime d'un systême qu'il avoit établi pour le malheur des hommes.

Les rafinèmens si vantés de la civilisation ne sont donc pas exempts de dangers. Si, de certains côtés, ils ferment l'accès au désastre, ils lui en ouvrent d'autres peut-être aussi faciles. S'ils font élever des murailles & des remparts, ils énervent l'ame de ceux qui sont faits pour les défendre. Ils forment des armées disciplinées, mais ils alterent & corrompent l'esprit militaire des nations entieres; & en mettant l'épée à la place des établissemens civils qu'ils ont affoiblis & découragés, ils préparent aux hommes le gouvernement de la force.

C'est un bonheur pour les nations de l'Europe que la différence entre le soldat & le citoyen paisible ne puisse jamais y devenir aussi grande qu'elle le fut chez les Grecs & les Romains. Par la nature des armes qui sont aujourd'hui en usage, tout ce que fait le soldat vétéran peut être appris & exécuté facilement par le novice ; & si c'étoit une chose vraiment difficile de le lui apprendre, heureux sont ceux qui ne sont point rebutés par de pareilles difficultés & qui peuvent découvrir les arts qui tendent à fortifier & à conserver, & non à énerver & ruiner leur pays.

CHAPITRE V.

De la mauvaise économie nationale.

LA force des nations consiste dans la richesse, le nombre & le caractere du peuple. L'histoire de leurs progrès depuis l'état de grossiereté n'est en grande partie que le récit des assauts qu'ils ont essuyés & des moyens qu'ils ont pratiqués pour se fortifier & opérer leur sûreté. Leurs conquêtes, leur population & leur commerce, leurs arrangemens civils & militaires, leur habileté dans la fabrication des armes & dans leurs méthodes d'attaque & de défense; la distribution des tâches, soit dans les occupations des particuliers, soit dans les affaires publiques; tout cela tend ou à procurer ce qui constitue une force nationale & les ressources de la guerre, ou à les employer avec avantage.

Si l'on ſuppoſe qu'avec ces reſſources le caractere militaire d'un peuple reſte ſans atteinte, ou ſe perfectionne, il s'enſuit que tout ce qu'il a gagné du côté de la civiliſation, tourne en une augmentation réelle de force ; & que les nations ne devroient jamais trouver en elles-mêmes le principe de leur ruine. Toutes les fois que nous voyons des états arrêtés tout court dans leur marche, ou tombés dans une décadence réelle, on peut préſumer que, quoique diſpoſés à aller plus loin, ils ont trouvé un terme au-delà duquel ils ne pouvoient avancer ; ou que par un relâchement d'eſprit national & un affoibliſſement de caractere, ils n'étoient pas capables de tirer tout le parti poſſible de leurs reſſources & de leurs avantages naturels. D'après cette ſuppoſition, on peut conclure que, s'ils ſont forcés de s'arrêter, ils peuvent également décheoir, &, par une marche rétrograde, arriver au bout de quelques âges, à un état de foiblesse plus grande que celle d'où ils étoient partis au commencement de leurs progrès; & avec l'air d'une meilleure conduite & des arts plus parfaits en apparence, ils peuvent être exposés à devenir la proie de peuples barbares, que, du faîte de leur gloire, ou même durant le cours de leurs progrès, ils ont bravés & méprisés.

Quelle que puisse être la richesse naturelle d'un peuple, ou quel que soit le terme au-delà duquel il ne lui est plus possible d'améliorer son fonds, il y a lieu de croire que jamais aucune nation n'est parvenue à ce terme, & n'a été en état de reculer les effets de sa mauvaise conduite & l'époque de ses malheurs, jusqu'à ce que son fonds de matériaux & la fertilité de son sol fussent épuisés, ou le nombre de ses citoyens considérablement diminué. Les mêmes fautes en fait de police, & la foiblesse des moeurs qui s'opposent au bon usage des ressources, s'opposent aussi à leur accroissement & à leur amélioration.

La richesse de l'état consiste dans la fortune de ses membres. Le revenu effectif de l'état est la portion de chaque fortune particuliere que le public a coutume d'exiger pour les besoins nationaux. Ce revenu ne peut pas être toujours proportionné à ce qui peut être réputé superflu dans les fortunes particulieres, mais à ce qui est, jusqu'à un certain point, regardé comme tel par le propriétaire ; ou bien à ce qu'il peut épargner sans rien prendré sur sa façon de vivre & sans interrompre ses projets de dépense ou de commerce. Il s'ensuivroit delà que toute augmentation excessive de dépense de la part des particuliers est l'avant-coureur d'un affoiblissement national : le gouvernement, tandis même que chacun de ses sujets feroit la consommation d'un prince, pourroit être très-resserré à l'égard de son revenu, & ce cas feroit l'explication du paradoxe, que le public est pauvre, tandis que ses membres sont riches.

C'est une erreur fort commune de prendre l'argent pour la richesse ; on croit qu'un peuple ne peut être appauvri par les profusions d'argent, pourvu qu'il se dépense dans l'intérieur de l'état. Le fait est qu'il n'y a que deux manieres de s'appauvrir ; la consommation des subsistances & la suspension des profits ; l'argent dépensé dans l'intérieur circule sans se consommer & ne peut pas plus diminuer la richesse publique, qu'une lettre de change en passant de mains en mains ne diminue la richesse de la compagnie dans laquelle elle circule. Mais tandis que les especes circulent dans l'intérieur, il peut arriver que les choses nécessaires à la vie, qui constituent la vraie richesse, soient consommées infructueusement ; que l'industrie qui doit servir à augmenter le fonds d'une nation, soit arrêtée ou tournée en abus.

De grandes armées entretenues au

dehors ou dans l'intérieur, sans aucun objet d'utilité pour la nation, sont des milliers de bouches ouvertes sans nécessité pour dévorer ses provisions, & autant de bras enlevés aux arts auxquels elle doit ses profits. Les entreprises qui tournent mal sont autant de coups ruineux pour un état, autant de pertes réelles proportionnées au capital qu'on y a employé. Les Helvétiens, dans le dessein d'envahir la province Romaine de la Gaule, brûlerent leurs habitations, jetterent leurs instrumens de labourage & consommerent dans une année les économies de plusieurs années ; l'entreprise manqua, & la nation fut ruinée.

On a vu quelquefois des états, au lieu d'employer leur capital, engager leur crédit pour déguiser les hasards qu'ils couroient. Ils ont trouvé dans les emprunts une ressource casuelle pour exécuter leurs entreprises. Par cette méthode de créer des fonds transponibles, on croit laisser dans les mains des sujets pour les besoins du commerce, le capital que le gouvernement dépense alors bien réellement. Par ce moyen on vient à bout d'exécuter de grands projets nationaux, sans que l'industrie des particuliers éprouve d'interruption, & on laisse aux générations subséquentes à faire face pour leur part à des dettes contractées dans la vue d'un avantage à venir. Jusques-là l'expédient paroît juste & raisonnable. Mais le fardeau toujours croissant est transmis successivement d'âge en âge; & si le vaisseau public est menacé d'être un jour submergé, chaque ministre se flatte de pouvoir encore le tenir à flot durant son administration. Aussi est-ce par cette raison-là même que ce moyen, malgré tous ses avantages, est extrêmement dangereux entre les mains d'une administration ambitieuse, précipitée dans ses desseins, qui ne considere que le moment présent, & qui imagine qu'un état est inépuisable tant qu'il trouve des capitaux à emprunter & qu'il peut en payer les arrérages.

On parle d'une nation qui, durant un certain période, a été la rivale du monde ancien dans tous les genres de gloire, qui a su s'affranchir de la domination d'un maître armé contr'elle de toutes les forces d'un grand royaume, qui brisa le joug dont elle avoit été opprimée, & qui parvint presque dans l'espace d'un siecle, à force d'industrie & de vigueur nationale, à former une puissance nouvelle & formidable, qui frappa d'étonnement & de crainte les anciens potentats de l'Europe. Les lambeaux de la pauvreté qui fut son partage au moment où elle prit l'essor, devinrent entre ses mains des étendarts de guerre & de domination. Pour arriver à ce terme, il fallut les plus grands efforts du courage irrité par l'oppression; il fallut des succès constans dans la poursuite de la fortune publique; il fallut aussi une anticipation hardie du revenu futur. Aussi on prétend que cette nation illustre a non-seulement joui prématurément dans le sens du Chapitre précédent, mais encore qu'elle a sequestré d'avance l'héritage de plusieurs siecles à venir.

Cependant une grande dépense nationale ne prouve pas toujours qu'un peuple est en souffrance. Tant que le revenu est employé avec succès à obtenir quelque fin profitable, les gains de chaque entreprise étant plus que suffisans pour en couvrir les avances, il peut arriver que l'état gagne & continue à multiplier ses ressources. Mais toute dépense faite ou au-dehors, ou au-dedans, soit qu'elle se fasse aux dépens du revenu présent, ou par anticipation sur le revenu à venir, si elle ne rapporte pas un retour proportionné, doit être comptée parmi les causes de la ruine nationale.

Fin de la cinquiéme Partie.

ESSAI
SUR
L'HISTOIRE
DE LA
SOCIÉTÉ CIVILE.

SIXIEME PARTIE.

De la corruption & de l'esclavage politique.

CHAPITRE PREMIER.

De la corruption en général.

SI l'on devoit apprécier la fortune des nations & leur tendance à l'agrandissement ou à la ruine par la ſeule balance des articles de perte ou de profit, conformément aux principes dévèloppés dans le Chapitre précédent, il s'enſuivroit que tout raiſonnement en fait d'économie politique devroit avoir pour [illegible] la comparaiſon de la d[illegible]nse avec le revenu national, & du nombre de ceux qui conſomment avec le nombre de ceux qui produiſent ou amaſſent les choſes néceſſaires à la vie. Tous les citoyens, quel que fût leur rang, ſe trouveroient renfermés dans deux colonnes, celle des induſtrieux & celle des inutiles; & l'état lui-même étant une fois pourvu de la quantité de magiſtrats, de politiques & de guerriers, préciſément ſuffiſante pour ſa défenſe & ſon adminiſtration, compteroit en perte tout nom qui ne ſeroit pas compris dans la liſte civile ou militaire; il regarderoit de même oeil tous ces ordres d'hommes qui, par la poſſeſſion de la fortune, ſubſiſtent des gains des autres, & qui, par la délicateſſe de leur goût, exigent une grande dépense de tems & de travail pour fournir à leur consommation ; tout ce qui est inutilement employé dans le train des personnes qualifiées ; tous ceux qui s'appliquent à l'étude des loix, à la médecine, à la théologie, & tous les savans dont les recherches n'ont pas pour objet d'étendre ou de perfectionner quelque talent lucratif; en un mot, tout homme seroit évalué selon son travail, & tout travail, selon sa tendance à procurer ou à amasser les moyens de subsistance. On proscriroit tous les arts qui s'occupent à des superfluités, à moins que leurs productions ne pussent s'échanger chez l'étranger pour des denrées applicables à l'entretien des hommes utiles au public.

Telles sont les regles d'après lesquelles un avare doit considérer l'état de ses affaires & des affaires de son pays ; mais les plans d'une corruption parfaite sont au moins aussi impraticables que les plans d'une vertu parfaite. Les hommes ne sont pas universellement des avares ; le plaisir d'amasser ne suffit pas à leur bonheur ; si l'on veut qu'ils prennent la peine de s'enrichir, il faut les laisser jouir de leurs richesses. La propriété, dans le cours ordinaire des choses humaines, est répartie inégalement : il faut donc que le riche dépense pour que le pauvre subsiste ; il faut souffrir qu'il y ait des états dispensés de la nécessité du travail, afin que leur sort soit un objet d'ambition pour l'homme laborieux, & qu'il aspire à ce rang. Non-seulement nous devons supporter des hommes qui, aux yeux d'une stricte économie, pourroient être réputés superflus dans la liste civile, militaire & politique, mais, parce que nous sommes des hommes, & qu'à ce titre nous devons préférer l'occupation, la perfection & le bonheur de notre espece à sa simple existence, nous devons encore souhaiter que dans toute communauté le plus grand nombre possible

possible de ses membres soit admis à participer à sa défense & à son gouvernement.

Il arrive en effet que les hommes, en suivant dans la société des objets différens & des vues particulieres, produisent une immense distribution du pouvoir, & qu'ils sont amenés par une espece de chance à un état de choses plus favorable à la nature humaine que tout ce que la sagesse eût pu inventer dans le calme de la réflexion.

Si d'ailleurs la force d'une nation réside dans les hommes sur lesquels elle peut compter & qui sont avantageusement combinés pour sa conservation, soit par l'effet du bonheur, soit par l'effet de la sagesse, il s'ensuit que les moeurs ne sont pas d'une moindre importance que la richesse & la grande population ; & que la corruption doit être regardée comme une des principales causes de la décadence & de la ruine des nations.

Il ne faut que savoir quelles sont les qualités qui font l'excellence de l'homme, pour être en état de discerner ses défauts & ses différentes sortes de corruption. Si la pénétration, le courage d'esprit & les affections honnêtes constituent la perfection de sa nature, les défauts sensibles à ces mêmes égards doivent déprimer proportionnellement & dégrader son caractere.

Nous avons dit que le bonheur de l'individu consiste à faire un bon choix de conduite ; que ce choix le menera à perdre dans la société le sentiment de son intérêt personnel ; & à étouffer ces anxiétés qui se rapportent à lui-même comme partie du tout, en considération de ce qui est dû à ce tout.

Le penchant naturel de l'homme à l'humanité, & la chaleur de son tempérament peuvent élever son caractere à cet heureux point. Son élévation dépend en grande partie de la forme de la société dans laquelle il eſt placé ; mais il peut, ſans craindre le reproche de corruption, ſe plier aux grandes variétés des différentes conſtitutions de gouvernement. La même droiture, la même vigueur d'ame qui, dans les états démocratiques, le rendent ardent à défendre ſon égalité, le portent, dans les états ariſtocratiques ou monarchiques, à reſpecter les ſubordinations qui y ſont établies. Il peut acquitter, envers les différens ordres d'hommes rangés avec lui dans l'état ſous un même joug, les égards que chacun a droit d'attendre de lui & exercer à leur égard ſa bienveillance : il peut ſuivre, dans le choix de ſes actions, un principe de juſtice & d'honneur plus fort que toutes les conſidérations de ſon intérêt, de ſon avancement & même de ſa ſûreté.

Il y auroit lieu de croire néanmoins, d'après nos complaintes éternelles ſur la dépravation des nations, qu'il arrive quelquefois que des corps entiers d'hommes ſont atteints d'une foiblesse de tête & d'une corruption de cœur épidémiques, qui les rendent ineptes pour les postes qu'ils occupent, & qui menacent les états qu'ils composent, d'une décadence & d'une ruine prochaines.

Les mœurs d'une nation peuvent être détériorées par la cessation des circonstances qui donnoient aux talens matiere à se développer & à s'exercer utilement; ou bien par une révolution dans les idées générales sur ce qui constitue l'honneur ou le bonheur. On néglige, on perd de vue les qualités qui devroient regler les rangs, dès que ce sont les richesses ou la faveur de la cour qui les assignent. La grandeur d'ame, le courage, l'amour de l'humanité sont immolés à l'avarice & à la vanité, ou sont étouffés par un sentiment de dépendance. L'individu ne considere plus sa communauté qu'autant qu'il peut la faire servir à son profit ou à son avancement personnels; il se place en concurrence avec ses semblables; & poussé par l'émulation, par la crainte & la jalousie, par l'envie & la méchanceté, il ne suit plus que les maximes d'un animal qui ne pense qu'à conserver son existence particuliere & à satisfaire ses caprices ou ses desirs aux dépens de son espece.

Les hommes arrivés à ce degré de corruption sont ou avides, artificieux & violens, prêts à attenter aux droits d'autrui; ou bas, serviles & mercenaires, prêts à abandonner leurs propres droits. Dans ceux de la premiere espece, les talens, la capacité, la force d'esprit ne servent qu'à les plonger plus avant dans la misere, à augmenter l'angoisse des passions cruelles qui les agitent; ce qui les mene à répandre sur leurs semblables les tourmens dont ils sont la proie. Quant à ceux de la seconde espece, l'imagination & la raison elle-même ne font que leur présenter de faux objets de crainte ou de desir, & multiplier pour eux les sujets de contradiction, de chagrin ou de joie momentanée. Dans les deux cas, que des hommes corrompus soient poussés par la cupidité, ou qu'ils soient subjugués par la crainte, sans spécifier les crimes dont l'un ou l'autre mobile les rend capables, on peut en toute assurance dire d'eux avec Socrate « qu'il n'y a point de » maître qui ne doive craindre d'a» voir de pareils esclaves ; & que » tout ce qui reste de mieux à de» sirer pour des hommes de cette » trempe, devenus incapables de li» berté, c'est de tomber entre les » mains d'un maître doux & indul» gent ».

Quoiqu'un homme arrivé à ce degré de corruption trouve encore à se faire acheter pour esclave par des gens qui savent comment mettre à profit ses facultés & son travail ; & quoique, lorsqu'il est retenu par un frein suffisant, son voisinage puisse être supportable, ou même avantageux, il n'en est pas moins certain qu'il n'eſt plus propre à agir avec ſes ſemblables ſur le pied d'un concert & d'une combinaiſon honnêtes & libérales : ſon cœur n'eſt plus voué à l'amitié & à la confiance ; ſon penchant ne le porte plus à ſe mouvoir pour la conſervation des autres, & il ne mérite plus que les autres s'expoſent pour la ſienne.

Obſervons auſſi que le caractere actuel de l'eſpece humaine, dans l'état le plus déplorable auſſi bien que dans l'état le plus deſirable, eſt ſans contredit mélangé : & que des nations des plus eſtimables, ſont grandement redevables de leur conſervation, non-ſeulement aux bonnes diſpoſitions de leurs membres, mais auſſi à ces inſtitutions politiques qui enchaînent l'homme violent & préviennent le crime, & qui forcent le lâche & l'égoïſte à contribuer pour leur part à la défenſe ou à la proſpérité communes. A l'aide de pareilles inſtitutions & des ſages meſures du gouvernement, des nations ſont en état de se soutenir & même de prospérer; avec plus ou moins de vertu ou de corruption publiques.

Tant que la portion la plus nombreusse d'un peuple est réputée se conduire par principes de probité; l'exemple du bon & les précautions du méchant donnent à ce peuple une apparence générale d'intégrité & d'innocence. Lorsque les hommes sont les uns pour les autres des objets d'affection & de confiance, & que généralement ils ne sont point disposés à mal faire, le gouvernement peut être relâché; & tout homme peut être traité comme innocent jusqu'à ce qu'il soit prouvé coupable. Comme, en ce cas, le sujet n'entend point parler de crimes, il n'a pas besoin d'entendre parler de châtimens infligés à des personnes d'un caractere différent du sien. Mais dès que les moeurs sont notablement dépravées, il faut que tout sujet se tienne sur ses gardes, & que le gouvernement lui-même procéde suivant des maximes de crainte & de défiance proportionnées au désordre. L'individu n'étant plus fait pour être ménagé dans ses prétentions à la considération, à l'indépendance ou à la liberté personnelles, dont il ne manqueroit pas d'abuser, il faut que la force extérieure & la crainte lui apprennent à contrefaire les effets du devoir & de la vertu auxquels il n'est plus porté par inclination : il faut lui présenter le fouet & le gibet au lieu de raisons pour justifier les précautions que l'état exige alors qu'il prenne, d'après la supposition qu'il est insensible aux motifs qui font pratiquer la vertu.

Le régime du despotisme est fait pour gouverner des hommes corrompus. A la vérité il fut mis en usage dans quelques conjonctures remarquables, même dans les tems de la république Romaine ; & la hache meurtriere fut confiée, à plusieurs reprises, à la volonté arbitraire du dictateur, pour imprimer la terreur aux citoyens &

prévenir les crimes, & pour repousser les invasions subites & passageres du vice. A la fin il s'établit sur les ruines de la république elle-même, lorsque le peuple fut trop corrompu pour la liberté, ou que le magistrat le fut trop pour abdiquer son pouvoir dictatorial. Cette sorte de gouvernement vient naturellement à la suite d'une corruption progressive & non interrompue; mais il n'est pas douteux que quelquefois il ne soit venu trop tôt & qu'il n'ait sacrifié des restes de vertu, dignes d'un meilleur sort, à la jalousie & aux inquiétudes de tyrans toujours impatiens d'augmenter & d'affermir leur puissance. En pareil cas ce systême de gouvernement ne manque jamais de produire cette mesure de dépravation dont les effets extérieurs l'avoient fait desirer comme un expédient. Dès que l'on n'a plus d'autres motifs à offrir que la crainte pour porter au devoir, tous les cœurs deviennent avides & rampans. Ce remede, s'il eſt appliqué à un corps ſain, y fera naître infailliblement la maladie qu'il eſt deſtiné à guérir.

C'eſt-là le gouvernement ſous lequel l'homme arrogant & l'homme avide ſont prêts à ſacrifier leurs ſemblables pour ſatisfaire leurs malheureux deſirs : c'eſt-là le gouvernement auquel l'homme timide & ſervile ſe ſoumet à diſcrétion ; & lorſqu'une fois l'eſpece humaine en eſt venue au point de n'être plus partagée qu'entre ces deux caracteres, qu'eſt-ce que pourroient faire les vertus mêmes des Antonins & des Trajans, ſi ce n'eſt d'employer avec vigueur & avec équité le fouet & le glaive ; & de tâcher de trouver, dans l'eſpoir des récompenſes ou la crainte des châtimens, un expédient prompt & momentané contre les crimes ou les foibleſſes des hommes?

D'autres états peuvent être plus ou moins corrompus ; celui-ci a la corruption pour baſe. Ici la juſtice peut quelquefois diriger le bras du souverain despotique ; mais le plus communément le mot de justice ne signifie autre chose que le caprice ou l'intérêt du pouvoir regnant. C'est ici que la société humaine susceptible d'une si prodigieuse variété de formes, trouve la plus simple de toutes. Les travaux & les possessions de tous sont destinés à assouvir les passions d'un seul ou de quelques-uns ; & l'espece n'offre plus que deux parties, l'oppresseur qui demande, & l'opprimé qui n'ose refuser.

On a vu des nations réduites par la force militaire à cet état déplorable, dans un tems où elles avoient droit à un sort plus doux ; tels furent les Grecs après avoir été subjugués à plusieurs reprises. D'autres y sont arrivées au moment où leur dépravation fut portée à son comble ; comme il arriva aux Romains, lorsque revenus de la conquête du monde & chargés de ses dépouilles, ils eurent lâché la bride aux factions & aux crimes qui devinrent trop audacieux & trop fréquens pour être réprimés par le gouvernement ordinaire; & que le glaive de la justice trempé sans cesse dans le sang & sans cesse invoqué pour arrêter les désordres multipliés de toute part, ne pouvoit plus attendre les lenteurs & les précautions d'une administration enchaînée par la loi.

C'est un fait cependant bien constaté par l'histoire de l'espece humaine, que la corruption portée à ce degré ou à quelque degré que ce soit, n'appartient pas exclusivement aux nations parvenues au terme de la décadence, ou au faîte de la prospérité & de la perfection dans les arts de commerce. Il est bien vrai, que dans les établissemens naissans & resserrés, les liens de société sont en général plus forts; & que leurs membres, soit par une affection ardente pour leur propre tribu, soit par une véhémente animosité contre ses ennemis, & par un caractere vigoureux fondé sur ces deux sentimens réunis, sont extrêmement propres à soutenir & à pousser la fortune d'une communauté qui s'accroît. Mais cependant on a vu dans le sauvage & dans le barbare, dans des nations entieres, des exemples d'un caractere dégradé par la crainte & la foiblesse (*a*). Ils sont tombés souvent dans cette sorte de corruption que nous avons décrite ci-devant en traitant des nations barbares; on les a vus faire métier du brigandage, non pas simplement comme d'une espece de vie militaire, ou dans la vue d'enrichir leur communauté, mais pour posséder en propriété des choses qui leur étoient devenues plus cheres que les liens de l'affection ou du sang.

Dans l'état le moins avancé des arts de commerce, la passion des

(*a*) Les nations barbares de la Sybérie en général sont timides & serviles.

richesses & de la domination a quelquefois produit des scenes d'oppression & de servitude, que ne pourroit surpasser la corruption la plus accomplie de l'homme arrogant, lâche & mercenaire, animé par le desir d'acquérir ou la crainte de perdre une fortune. C'est alors que les vices n'étant point contenus par les formes, ni gênés par le frein de la police, prennent un libre essor & déploient leurs effets dans toute leur étendue. Delà il arrive que l'on s'unit ou se sépare par partis qui n'ont d'autres maximes que celles d'une bande de voleurs ; & que l'on sacrifie à l'intérêt les plus tendres affections de la nature. Les peres fournissent les marchés d'esclaves en exposant en vente leurs propres enfans ; la chaumiere cesse d'être un sanctuaire pour l'étranger foible & sans défense ; & les droits de l'hospitalité souvent si sacrés chez les nations dans leur état primitif, sont violés sans crainte & sans remords.

de même que tous les autres liens de l'humanité (a).

Des nations qui, dans les derniers périodes de leur histoire, se font remarquer par leur sagesse civile & leur équité, ont peut-être, dans une époque reculée, éprouvé des paroxismes de confusion & de désordre, auxquels on pourroit appliquer en partie cette description. La police même qui les conduisit au point de leur félicité nationale fut inventée comme un expédient contre les abus dont elles furent infestées. L'établissement de l'ordre prit date au milieu des violences & des assassinats; l'indignation & la vengeance personnelles ont été les principaux motifs qui ont excité des nations à l'expulsion des tyrans, à l'affranchissement de l'espece humaine & à la discussion & au développement de ses droits politiques.

(a) Voyage de Chardin en Perse par la Mingrelie.

Des défauts dans le gouvernement & dans les loix peuvent, en certains cas, être regardés comme un indice d'innocence & de vertu. Mais là où le pouvoir est déja établi, où le fort ne veut point admettre de frein, où le foible n'a point une protection assurée, il est certain que les défauts de la législation sont une preuve de la plus parfaite corruption.

Chez des nations grossieres, le gouvernement est souvent défectueux; soit parce que l'on n'y connoît pas encore les maux contre lesquels les nations policées ont cherché des expédiens; soit parce que l'on n'a pu encore, malgré la violence des maux qui troublent la paix de la société, y trouver de remede. Dans le cours progressif de la civilisation, il se manifeste de nouvelles maladies, & l'on y applique de nouveaux remedes: mais le remede ne se trouve pas toujours au moment où le mal se produit; & des loix, quoique suggérées par des crimes qui se sont commis, ne sont pas pour cela le symptôme d'une corruption récente, mais du desir de trouver un remede capable de guérir, peut-être, un mal invétéré qui a long-tems désolé l'état.

Il y a des genres de corruption au milieu desquels les hommes peuvent encore avoir la force & la résolution de se corriger. Tel est cet état de violence, d'injustice & d'excès où l'on voit des esprits ardens, fiers & emportés, qui sont aux prises, engagés dans des débats qui quelquefois précedent l'aurore des perfectionnemens civils & commerciaux. Dans de pareilles conjonctures il est souvent arrivé que les hommes ont découvert le remede aux maux, dont les principales causes étoient leur propre impétuosité mal dirigée & leur force d'esprit supérieure. Mais si on ajoute la foiblesse d'esprit à des dispositions dépravées; si à l'admiration & au desir des richesses se joint le dégoût des affaires & l'aversion pour les dangers; si les hommes de ces rangs dont la valeur est nécessaire à l'état, cessent d'être braves; si les membres de la société en général n'ont point les qualites personnelles requises pour remplir les postes d'honneur ou d'égalité auxquels ils sont appellés par les formes du gouvernement; il faut que l'état tombe dans un abîme, d'où la foiblesse des sujets encore plus que leur dépravation ne lui permettra pas de se relever.

CHAPITRE II.

Du Luxe.

IL s'en faut beaucoup que l'on soit d'accord sur l'usage du mot *Luxe*, ou sur le degré de sa signification qui est compatible avec la prospérité nationale, ou avec la rectitude morale de notre nature. On l'emploie quelquefois pour désigner une façon de vivre que l'on croit nécessaire à la civilisation & même au bonheur. Dans l'éloge des siecles policés, il est le pere des arts, l'ame du commerce, l'agent de la grandeur & de l'opulence publiques. Dans la satyre des moeurs, il est la source de la corruption, & l'avant-coureur de la décadence & de la ruine nationales. On l'admire & on le blâme; on le traite comme un moyen d'embellissement & d'utilité; & on le proscrit comme un vice.

Au milieu de cette diversité de sentimens, on s'accorde assez généralement à employer ce terme pour exprimer cet appareil compliqué que les hommes inventent pour l'agrément & la commodité de la vie; leurs édifices, leur ameublement, leurs équipages, l'habillement, le train de domestiques, le rafinement de la table, & en général tout cet attirail qui est plutôt destiné à plaire à l'imagination, qu'à satisfaire des besoins réels, & qui est ornement plutôt qu'utilité.

Lors donc que, sous le nom de luxe, nous voulons mettre au rang des vices la jouissance de ces choses, ou nous avons en vue les habitudes de sensualité, de débauche, de prodigalité, de vanité & d'arrogance qui accompagnent quelquefois la possession d'une grande fortune; ou bien nous nous figurons une certaine mesure de ce qui est nécessaire à la vie de l'homme, audelà de laquelle nous regardons toute jouissance comme excessive & vicieuse. Quand, au contraire, nous faisons du luxe un article de splendeur & de félicité nationales, nous ne le regardons que comme une conséquence innocente de la répartition inégale de la richesse, & comme un moyen de rendre les divers rangs dépendans les uns des autres & mutuellement utiles. Le pauvre est fait pour pratiquer les arts & le riche pour les payer. Le public lui-même s'enrichit par ce qui semble absorber son fonds, & reçoit un accroissement continuel d'opulence par l'influence de ces desirs irrités & de ces goûts délicats, qui semblent le menacer d'épuisement & de ruine.

Il est certain que si l'on veut admettre les arts de commerce, il faut en même-tems souffrir que l'on jouisse de leurs productions, & même qu'elles obtiennent un certain degré d'estime & d'admiration; ou bien, il faut, comme à Sparte, exclure l'art lui-même, lorsqu'on en craint les conséquences, ou que l'on est persuadé que les commodités qu'il procure excédent les limites de ce que demande la nature.

A quelque point que nous nous proposions d'arrêter les progrès des arts, nous n'en serions pas moins dans le cas d'être taxés de luxe par ceux qui ne seroient pas aussi avancés que nous. A Sparte la hache & la scie étoient les seuls outils qu'il fût permis au constructeur & au charpentier d'employer; mais une cabane Spartiate eût été un palais dans la Thrace; & si la dispute venoit à se porter sur la notion précise de ce qui est physiquement nécessaire à la conservation de la vie, pour en faire la mesure de ce qui est moralement légitime, les facultés de médecine & celles de théologie ne manqueroient pas d'être partagées sur ce point, & laisseroient chaque individu se faire quelque regle à lui-même, comme il le fait actuellement. Le casuiste prend communément pour regle l'usage du tems présent & des diverses conditions. Mais si dans tel âge ou telle condition il condamne l'usage du carosse, il n'eut pas moins censuré dans un autre l'usage des souliers ; & quiconque se récrie contre le premier n'eut pas sans doute épargné le second, s'il n'eût pas déja été familier dans les âges antérieurs. Un censeur né dans une chaumiere & accoutumé à coucher sur la paille, ne proposera pas pour cela aux hommes de retourner habiter les forêts & les cavernes ; il admet comme raisonnable & utile ce qui se pratique communément, & ne trouve l'excès & la corruption que dans les nouveaux rafinemens de la génération qui s'éleve.

Le clergé de l'Europe a de tout tems prêché contre toutes les modes nouvelles & toutes les innovations en fait d'habillement. Les modes des jeunes gens sont le sujet des censures des vieillards ; celles du dernier

dernier siecle à leur tour sont pour les jeunes gens & les gens du bel air une source intarissable de plaisanteries & de ridicule. Qu'est-ce que cela prouve? jamais autre chose sinon que la vieillesse est portée à être chagrine & févere, & que la jeunesse aime à s'égayer.

Le raisonnement contre la plupart des commodités de la vie, tiré de la seule considération qu'elles ne sont pas nécessaires, eût été aussi bien placé dans la bouche du sauvage qui s'éleva contre les premiers essais de l'industrie, qu'elle peut l'être dans celle du moraliste qui déclame sur la vanité des dernieres recherches. « Nos ancêtres, (eut-il » pu dire,) trouvoient leur habita-» tion sous ce rocher; ils alloient » chercher leur nourriture dans les » bois: ils étanchoient leur soif à » cette fontaine, & ils se vêtissoient » de la dépouille des animaux qu'ils » avoient tués. Comment pouvons-» nous nous permettre une fausse

» délicatesse, ou demander à la terre » des fruits qu'elle n'est pas accou- » tumée à porter ? Déja nos bras » sont trop foibles pour tendre l'arc » de nos peres ; & les bêtes féroces » commencent à dominer insolem- » ment dans les forêts ».

De cette maniere le moraliste eut pu trouver dans tous les âges ces lieux communs de satyre dont il aime tant à s'armer pour faire le procès à son siecle ; & notre embarras sur ce sujet n'est peut-être qu'une portion de cette perplexité générale que nous éprouvons, toutes les fois que nous voulons caractériser les moeurs par des circonstances extérieures, qui peuvent être ou n'être pas accompagnées de vice dans le coeur ou dans l'esprit. Quelqu'un trouve du mal à porter du linge ; un autre n'en trouve point à cela à moins que le linge ne soit fin. Mais si d'ailleurs il est vrai qu'il soit indifférent de se vêtir d'étoffes fines ou grossieres ; de coucher en plein air ou d'habiter un palais; de marcher sur des tapis, ou par terre à pied nud; lorsque l'esprit conserve ou qu'il a perdu sa pénétration & sa force, & le cœur ses affections d'humanité & de bienveillance; on a grand tort de placer dans de pareilles circonstances la distinction du vice & de la vertu, ou d'accuser de foiblesse le citoyen policé par rapport à quelque partie de son équipage, ou bien parce qu'il porte une fourrure, qui, peut-être avant d'arriver à lui, a servi à quelque sauvage. La vanité n'a point d'habillement particulier qui la distingue. Elle se trahit dans l'Indien par les assortimens fantastiques de ses plumes, de ses coquilles, par ses fourrures bigarrées, & par le tems qu'il passe devant un miroir & à sa toilette. Les desseins de la vanité sont les mêmes dans les forêts & dans les villes: là c'est avec un visage barbouillé & des dents artistement tachetées qu'elle recherche l'admiration, qu'ici elle s'efforce d'obtenir par la magnificence des équipages, & par des livrées de distinction.

Souvent des nations policées, par une suite de leurs progrès, en viennent au point de surpasser les nations grossieres par leur modération & la sévérité de leurs moeurs. « Il » n'y a pas long-tems, dit Thucydi» de, que les Grecs portoient, » comme les barbares, des paillettes » d'or dans leurs cheveux, & qu'ils » alloient armés en tems de paix ». La simplicité de l'habillement étoit devenu chez ce peuple une marque de politesse; & il est probable que tous les peuples attachent peu de conséquence aux matieres qui servent à la nourriture & à l'habillement. Ce n'est point dans la maniere de se nourrir ou de s'habiller qu'il faut aller chercher le caractere des hommes, mais dans les qualités de l'esprit. Ce qui fait aujourd'hui l'ajustement de l'homme grave & sévere, fut dans le tems une gentilleſſe de jeune homme, ou bien fut imaginé pour plaire à quelque efféminé. Il eſt vrai que ſouvent l'affectation des modes nouvelles eſt la marque de la fatuité; mais il nous arrive ſouvent auſſi de changer nos modes ſans que pour cela la meſure de notre vanité & de notre folie ſoit augmentée.

La maniere dont les perſonnes ſéveres enviſagent les choſes ſeroit-elle donc, dans tous les âges, également déraiſonnable & deſtituée de fondement? Ne ſommes-nous jamais dans le cas de craindre des inconvéniens, en laiſſant s'introduire quelque rafinement dans les moyens de ſubſiſtance ou dans les commodités de la vie? Le fait eſt que l'on eſt ſans ceſſe expoſé à commettre des fautes ſur ce point, non-ſeulement où l'on eſt accoutumé à un haut dégré d'aiſance, ou à quelqu'eſpece particuliere d'alimens, mais par-tout où ces objets en général peuvent devenir aſſez chers pour être préférés à l'amitié, à la patrie, au genre humain; on tombe réellement dans cette erreur par-tout où l'on prend en admiration de misérables distinctions & de frivoles avantages; partout où l'on se fait une étude d'éviter les moindres incommodités, & où l'on manque de la vigueur nécessaire pour remplir son devoir. Le but de la morale sur ce sujet n'est pas de restreindre les hommes à une maniere absolue de se loger, de se nourrir, de s'habiller, mais de les empêcher de considérer ces articles comme les objets essentiels de la vie humaine. Et si l'on nous demandoit à quel point il faut arrêter la recherche des commodités minutieuses, pour que l'homme puisse rester entiérement dévoué aux occupations de la vie d'une plus haute importance; nous répondrions qu'il faut s'arrêter là où l'on est. C'est la regle qui fut suivie à Sparte: l'objet de cette régle fut de réserver le coeur tout entier pour le public, & d'occuper les hommes à perfectionner leur propre nature, au lieu d'accumuler des richesses & des commodités extérieures. C'est dans ce sens & non autrement que l'on se promettoit un plus grand avantage politique de l'usage de la hache & de la scie, que de celui du rabot & du ciseau. Lorsque Caton parcouroit les rues de Rome sans sa robe & sans souliers, il le faisoit très-vraisemblablement, non parce qu'il prétendoit trouver de la vertu dans une maniere de s'habiller & du vice dans une autre, mais afin de témoigner son mépris pour des choses que ses concitoyens étoient si portés à admirer.

Le luxe donc considéré comme une prédilection pour les objets de vanité & les matieres coûteuses de plaisir, est pernicieux au caractere des hommes; considéré comme simple jouissance des agrémens & des commodités que procure le tems où l'on vit, il dépend du progrès qu'ont fait les arts méchaniques & du degré d'inégalité dans la répartition de la fortune, plutôt que du penchant des particuliers au vice ou à la vertu.

Il faut convenir cependant qu'il y a différens degrés de luxe qui sont plus ou moins assortis aux différentes constitutions de gouvernement. Le progrès des arts suppose une distribution inégale de la fortune; & les moyens de distinction qu'ils procurent, servent à rendre plus sensible la séparation des rangs. Le luxe, sous ce point de vue, en laissant à part ses effets moraux, est contraire à la forme du gouvernement démocratique; & dans tout état de société il ne peut être admis impunément qu'à un degré proportionné à l'inégalité de rang dans laquelle les membres de la communauté sont censés être classés & former l'ordre public par une subordination réguliere. Au contraire, un grand luxe paroît salutaire & même nécessaire dans les monarchies & dans les constitutions mixtes; outre l'encouragement qu'il donne aux arts & au commerce, il y sert à ajouter de l'éclat à ces dignités héréditaires ou constitutionnelles qui tiennent une place importante dans le système politique. Nous allons examiner dans les Chapitres suivans si, même dans ce cas, le luxe conduit à des abus particuliers aux âges d'une grande opulence & d'un grand rafinement.

CHAPITRE III.

De la corruption qui menace particuliérement les nations policées.

ON confond souvent le luxe avec la corruption ; on les joint ensemble, & même on les prend pour deux termes synonymes. Pour éviter toute dispute de mots, par le premier nous entendrons cette accumulation de richesses & ce rafinement sur les moyens d'en jouir, qui sont les objets de l'industrie, ou le fruit des arts méchaniques & commerciaux : & par le second, un affoiblissement réel, ou une dépravation du caractere humain, qui peut se trouver dans quelque période que ce soit de ces arts, dans tout état de choses & au milieu de toute espece de circonstances extérieures. Il reste à examiner quelles sont les sortes de corruption qui menacent particuliérement les nations policées, lorſqu'elles ſont parvenues à certains degrés de luxe, & qu'elles ſont en poſſeſſion de certains avantages, dans leſquels elles ſont généralement réputées exceller.

Il n'eſt pas beſoin de recourir à un parallele entre les mœurs des nations entieres priſes dans les deux extrémités de la civiliſation & de la groſſiéreté, pour nous convaincre que les vices des hommes ne ſuivent pas la proportion de leurs fortunes ; ou que les habitudes d'avarice ou de ſenſualité ne ſont point fondées ſur certaines meſures de richeſſe, ou ſur quelque eſpece déterminée de jouiſſance. Lorſque les ſituations des hommes ſont auſſi variées par leurs emplois perſonnels qu'elles peuvent l'être par l'état des rafinemens nationaux, la même ardeur pour l'intérêt ou pour le plaiſir s'empare de toutes les conditions. Ces paſſions ſont produites par le tempérament, ou par une admiration que l'on a contractée pour la propriété ; & non par une maniere de vivre particuliere adoptée par les parties, ou par aucune espece de propriété particuliere qui ait captivé leurs soins & leurs desirs.

La tempérance & la modération sont au moins aussi communes dans ce qu'on appelle les conditions supérieures, que dans les dernieres classes de citoyens ; & quoique l'on attache l'idée de sobriété au seul bas prix des alimens & des autres dépenses dont tel ou tel siecle, telle ou telle condition paroissent se contenter, il n'en est pas moins constant que ce n'est pas le haut prix des matieres qui constitue la débauche, & que les toits couverts de chaume ne sont pas plus exempts des excès de tout genre, que les lambris magnifiques. Les hommes se font avec une égale facilité à différentes manieres d'être, ils goûtent autant de plaisir & sont aussi accessibles aux amorces de la sensualité dans un antre que dans un palais. Ce qui les décide à l'habitude de l'intempérance ou de l'oisiveté, c'est leur refroidissement pour d'autres mobiles, & leur dégoût pour d'autres objets d'activité. Quand les affections de l'ame sont mises en mouvement & que les passions de l'amour, de l'admiration ou de la colere sont enflammées, on ne fait pas plus d'attention à l'ameublement somptueux d'un palais qu'aux ustensiles grossiers d'une cabane : & l'homme oublie jusqu'au repos lorsqu'il est animé ; & lorsqu'il est harassé, il trouve le sommeil sur un tas de paille, comme sur un lit de soie.

Il ne faut pas cependant inférer delà que le luxe avec toutes les circonstances qui l'accompagnent & qui servent à favoriser ses progrès, ou qui, dans les arrangemens de la société civile, en sont des conséquences nécessaires, ne puisse avoir une influence pernicieuse sur les moeurs nationales. Si la cessation des dangers & des travaux publics, qui donne le tems de cultiver les arts de commerce, est d'une longue durée, au point de laisser se perdre toute habitude d'efforts nationaux; si l'individu qui n'est plus appellé au service de son pays est abandonné à la poursuite de son avantage particulier; il pourra se faire qu'il devienne efféminé, mercenaire & sensuel; non que les plaisirs & le gain aient acquis des charmes plus puissans, mais parce qu'il a moins de motifs qui le portent vers d'autres objets; & parce qu'il est plus encouragé à chercher ses avantages personnels & à se livrer à ses intérêts particuliers.

Si les inégalités de rang & de fortune qui sont nécessaires pour la recherche & la jouissance du luxe, introduisent de fausses idées d'estime & de prééminence; si par la seule considération de la richesse & de la pauvreté, un ordre d'hommes se croit élevé & l'autre abaissé; si l'un est outrageusement orgueilleux & l'autre profondément avili; si tous les rangs, chacun dans sa sphere, de même que le tyran qui croit que les nations ſont faites pour lui, cherchent à envahir les droits du genre humain : quoique l'ordre le plus éminent puiſſe être comparativement le moins corrompu, ou que, par un effet de l'éducation, ou par un ſentiment de dignité perſonnelle, il conſerve encore le plus de qualités eſtimables, il n'en eſt pas moins certain, que l'un devenant ſervile & mercenaire, l'autre impérieux & arrogant, les uns & les autres inſenſibles à la juſtice & au mérite, la maſſe entiere eſt altérée & les mœurs de la ſociété ſont détériorées à meſure que ſes membres ceſſent d'agir ſuivant les principes de l'égalité ; de l'indépendance ou de la liberté.

Sous ce point de vue & en conſidérant abſtractivement les mérites des hommes, le ſeul échange des habitudes d'une république pour celles de la monarchie, de l'amour de l'égalité pour le ſentiment d'une ſubordination fondée ſur la naiſſance, les titres & la fortune, est déja une sorte de corruption dans l'espece humaine. Mais il faut avouer que ce degré de corruption est encore compatible avec la sûreté & la prospérité de certaines nations; il n'exclut point un courage ferme, capable de soutenir long-tems les droits des individus & des royaumes.

Dans la monarchie, tant qu'elle conserve son énergie, la haute fortune, il est vrai, constitue de la distinction entre les différens ordres d'hommes; mais il y a d'autres articles sans lesquels la richesse n'est point admise comme un titre de prééminence, & pour lesquels souvent on la dédaigne & la prodigue: telles sont la naissance, les dignités, la réputation de bravoure, les manieres de la cour & une certaine élévation d'ame. Mais s'il arrive que ces distinctions ne soient plus comptées pour rien, & que la noblesse ne se fasse plus remarquer que par ce train somptueux que l'argent seul peut procurer, & par une profusion insensée que les fortunes les plus récentes sont en général plus en état de supporter ; il faut avouer qu'alors le luxe corrompt l'état monarchique aussi bien que l'état républicain, & qu'il introduit une funeste dissolution de moeurs au milieu de laquelle les hommes de tous les états, quelqu'empressement qu'ils aient à acquérir ou à étaler leurs richesses, ne conservent plus le moindre vestige d'une véritable ambition. Ils n'ont plus ni l'élévation de la noblesse, ni l'attachement de sujets ; ils ont transformé en une vanité efféminée, ce sentiment d'honneur qui dirige le courage personnel, & ils ont mis un abaissement servile à la place de cette loyauté qui attache chacun, dans son poste, à son supérieur immédiat, & qui enchaîne le tout au trône.

Le moment où les nations sont le plus menacées de voir la corruption émaner de cette source, c'est lorsque les arts méchaniques arrivés à un haut degré de perfection, offrent une infinité d'articles à ajouter à l'ornement de la personne, à l'ameublement, à l'équipage, à l'entretien; lorsque ces articles que le riche seul peut se procurer sont devenus des objets d'admiration, & que, par une conséquence de ce préjugé, la considération, le rang, les préférences sont attachés à la fortune.

Dans un période moins avancé des arts, quoiqu'il y ait déja de l'inégalité dans la répartition de la richesse, l'homme opulent ne peut accumuler que les seuls moyens de subsistance : il ne peut que remplir ses greniers & ses étables; recueillir de plus amples moissons, & offrir à ses troupeaux de plus vastes pâturages. Pour jouir de sa magnificence il a besoin de vivre au milieu de la multitude; & pour s'assurer ses possessions, il faut qu'il s'entoure d'amis prêts à épouser ses querelles. Sa gloire, aussi-bien que sa sûreté, conſiſte dans le nombre d'hommes qui lui ſont attachés ; & c'eſt de ſa libéralité & de l'élévation d'ame qu'on lui ſuppoſe, qu'il tire toute ſa conſidération perſonnelle. De cette maniere, la poſſeſſion de la richeſſe ſert ſeulement à impoſer au propriétaire un caractere de magnanimité, à le rendre le gardien d'une multitude d'hommes & l'objet public du reſpect & de l'affection. Mais lorſque les matériaux lourds & maſſifs de la richeſſe & de la magnificence ruſtique peuvent être échangés pour des rafinemens ; quand les productions du ſol peuvent être converties en équipage & en pure décoration ; quand la ſûreté perſonnelle d'un ſeul n'exige plus l'aſſociation de pluſieurs ; alors le propriétaire peut devenir le ſeul conſommateur de ſa fortune : il peut ne rapporter qu'à lui ſeul l'uſage de toutes choſes ; il peut employer les fonds de la générosité à nourrir la vanité perſonnelle, ou à ſatisfaire les caprices d'une imagination malade & efféminée, qui lui apprend à mettre au rang des besoins les colifichets de la foiblesse & de la folie.

On rapporte que le Satrape de Perse, quand il vit, au lieu de la conférence, le roi de Sparte étendu sur le gazon avec ses soldats, eut honte de l'attirail préparé pour l'ajustement de sa personne : il fit remporter les tapis & les fourrures ; il sentit son infériorité, & se souvint qu'il avoit à traiter avec un homme & non à joûter de faste & de magnificence avec un char de triomphe.

Lorsqu'au milieu des circonstances qui ne font pas preuve des vertus ou des talens des hommes, on s'est accoutumé à l'air de supériorité que donne aux gens riches la somptuosité de leur train, on est bien près de perdre le sentiment de la distinction attachée au mérite ou même aux grands talens. On évalue ses concitoyens d'après la figure qu'ils ſont en état de faire, d'après leurs maiſons, leur équipage, leur ſuite & leurs entours. Toutes ces circonſtances occupent une grande place dans l'idée qu'on ſe fait de ce qui eſt excellent; & le maître lui-même fût-il connu pour n'être qu'un meuble de parade au milieu de ſa fortune, on ne laiſſe pas pour cela de rendre hommage à la place qu'il occupe, & on n'en regarde pas moins avec des ſentimens d'envie, de ſervitude & d'abaiſſement, ce qui en ſoi-même ſeroit tout au plus fait pour amuſer des enfans; quoiqu'il enflamme l'ambition de ceux que nous appellons les grands, & qu'il imprime à la multitude la crainte & le reſpect, lorſqu'il eſt étalé comme une marque de diſtinction.

Nous jugeons des nations entieres par les productions de quelques arts méchaniques, & nous croyons parler des hommes, tandis que nous ne faiſons que vanter leur fortune, leur habillement ou leurs édifices. Par le ſens dans lequel nous employons les mots *grand & noble, rang élevé, état considérable*, il paroît dans toutes les occasions que nous transportons du caractere à l'équipage l'idée de la perfection, & que l'excellence même n'est dans notre opinion qu'un étalage pompeux, préparé à grands frais par les travaux d'une multitude d'ouvriers.

Puisque la richesse ne peut rien de plus que fournir les moyens de subsistance, & procurer les plaisirs des sens, ceux à qui échappent les transitions subtiles de l'imagination, semblent autorisés à croire que la cupidité & la vénalité même devroient être proportionnées à nos craintes du besoin, ou à notre penchant pour les jouissances sensuelles; & que toutes les fois que ce penchant est satisfait & la crainte du besoin dissipée, l'ame doit être à son aise sur l'article de la fortune. Mais ce ne sont pas les plaisirs mêmes que procure la richesse, ni les mets recherchés dont le riche couvre ſa table, qui enflamment les paſſions de l'homme avide & de l'homme mercenaire. La nature n'a mis aucune de ſes jouiſſances à un haut prix. C'eſt une opinion de grandeur, de prééminence attachée à la fortune; c'eſt un ſentiment d'abaiſſement qui accompagne la pauvreté; c'eſt-là ce qui nous rend inſenſibles à tous autres avantages que ceux du riche & à toutes autres diſgraces que celles du pauvre. C'eſt cette malheureuſe façon de voir les choſes, qui nous diſpoſe à ſacrifier dans l'occaſion toute eſpece de devoir, à ſubir toute ſorte d'indignités, & à nous permettre tous les crimes qui peuvent ſe commettre avec impunité.

Aurengzebe, dans ſa condition privée, avec ce plan de diſſimulation qu'on lui a imputé pour s'ouvrir le chemin au pouvoir ſuprême, ne fut pas plus renommé pour ſa ſobriété, qu'il ne continua à l'être pendant tout le tems qu'il occupa le trône de l'Indoustan. Simple, abstinent & sévere dans sa nourriture & dans les autres plaisirs, il mena constamment la vie d'un anachorete, & parut consacrer tout son tems à l'application pénible que demandent les affaires d'un vaste empire (*a*). S'il eut eu le plaisir pour objet, il quittoit un poste où il pouvoit se livrer sans réserve à la sensualité, & il le quittoit pour s'engager dans une carriere de sollicitude & d'agitations. Dans la possession de la fortune impériale il voyoit le faîte de la grandeur humaine, & non la jouissance du bien-être, ni la satisfaction des desirs sensuels. Supérieur aux sollicitations des sens aussi-bien qu'aux affections de la nature, il détrôna son pere & fit mourir ses freres ; c'étoit pour se faire traîner sur un char enrichi de diamans & de perles ; c'étoit pour former dans sa marche une file d'é-

(*a*) Gemelli Carreri.

léphans, de chameaux, de chevaux, de plusieurs lieues d'étendue; pour étaler au soleil un harnois resplendissant; & par la montre de trésors immenses, accabler une foule de spectateurs abjects & stupidement émerveillés, sous cette majesté redoutable en présence de laquelle ils frappoient la terre de leurs fronts, & étoient pénétrés du sentiment de sa grandeur & de leur profond néant.

Comme ce sont là les objets qui font naître le desir de la domination, & qui portent l'ambitieux à usurper l'empire sur ses semblables; ce sont eux aussi qui inspirent au commun des hommes un sentiment de foiblesse & d'abaissement, qui les dispose à souffrir les indignités, & à devenir la propriété d'êtres qu'ils regardent comme d'un rang & d'une nature si supérieurs à eux.

Ainsi, en Orient, l'appareil imposant dont s'environne le pouvoir ne contribue pas moins à serrer & rendre indissolubles les chaînes d'un esclavage perpétuel, que la crainte de l'épée & les terreurs de l'exécution militaire. Dans le Midi aussi-bien que dans l'Orient nous sommes portés à nous incliner devant un somptueux équipage, & à nous tenir à une distance respectueuse de la pompe étalée par les grands. Nous sommes également capables d'être consternés par le front courroucé, ou charmés par le sourire de ceux auprès de qui la faveur procure les richesses & la considération, & la disgrace, la pauvreté & le mépris. Nous sommes également capables de dédaigner les choses qui font l'ornement du coeur humain, par un effet de notre admiration pour l'étalage qui accompagne la fortune. Une file d'éléphans caparaçonnés en or peut éblouir & captiver le peuple, qui s'affoiblit & se corrompt par ses propres arts & ses propres inventions, aussi-bien que ceux qui ont hérité de la servitude de leurs peres, & sont amollis par leur trempe naturelle & par les charmes énervans de leur ſol & de leur climat.

Il paroît donc que, quoiqu'il ſoit poſſible que le ſimple uſage des matériaux qui conſtituent le luxe ne ſoit pas un vice actuel, cependant les nations parvenues à un haut degré de perfection dans les arts de commerce ſont expoſées à ſe corrompre par-là ; parce qu'il en réſulte qu'elles admettent pour le principal fondement de diſtinction la richeſſe deſtituée de l'élévation & du mérite perſonnels; & que leur attention ſe fixe ſur l'intérêt, comme étant la route aux honneurs & à la conſidération.

Par ce moyen le luxe peut corrompre les états démocratiques, en y introduiſant une eſpece de ſubordination monarchique, ſans ce ſentiment de haute naiſſance & d'honneurs héréditaires, qui fixe & détermine les limites du rang, & apprend aux hommes à agir, chacun dans ſon poſte, d'une maniere ferme & convenable. Il peut être une source de corruption politique, même dans les états monarchiques, en tournant le respect du côté de la seule richesse; en diminuant l'éclat des qualités personnelles ou des distinctions de naissance; & en infectant tous les ordres de citoyens d'un même esprit de lâcheté, de servitude & de vénalité.

CHAPITRE IV.

Continuation du même sujet.

L'EMPRESSEMENT progressif avec lequel on voit les hommes rechercher leur profit à proportion de l'avancement des arts de commerce ; ou la délicatesse qu'ils mettent dans le rafinement de leurs plaisirs ; même l'industrie elle-même, ou l'habitude d'un travail ennuyeux auquel il n'y a point de gloire à gagner, pourroient être regardés, peut-être, comme des indices d'un goût naissant pour l'intérêt ou la mollesse, contracté dans la jouissance de l'aisance & des commodités de la vie. Tout art de plus qui apprend à l'individu à améliorer sa fortune est, en réalité, une addition à ses occupations personnelles, & une distraction de plus qui détourne son attention de la chose publique.

Cependant la corruption ne vient pas de l'abus des arts tout seul ; il faut encore le concours de la situation politique ; elle n'est point produite par les objets qui occupent une ame sordide & mercenaire, à moins qu'il ne s'y joigne la réunion de circonstances qui mettent les hommes en état de se livrer avec sécurité à quelque vil penchant qu'ils ont acquis.

La providence a formé l'espece humaine pour des fonctions plus relevées qu'elle se trouve quelquefois forcée de remplir ; & c'est au milieu de ces fonctions qu'elle est le plus en état d'acquérir ou de conserver ses vertus. C'est en luttant contre les difficultés que se contractent les habitudes d'une ame forte, & non au sein du repos d'une situation paisible ; la pénétration & la sagesse sont les fruits de l'expérience, & non le produit des leçons de la retraite & du loisir ; l'ardeur & la générosité ne sont point des dons de la réflexion & du savoir, mais les qualités d'une ame échauffée & exaltée par la conduite d'affaires qui attachent fortement le cœur. Quelquefois cependant on regarde comme un bien public la simple interruption des efforts politiques & nationaux ; & il n'y a pas d'erreur plus propre que celle-là à fomenter les vices, ou à flatter la foiblesse d'hommes amollis & intéressés.

Si les arts ordinaires de police, ou plutôt si une indifférence graduelle pour les objets d'une nature publique venoient à prévaloir, & que dans un état libre, ils missent fin à ces disputes de partis, & étouffassent le fracas des dissentions qui accompagnent toujours l'exercice de la liberté, nous ne craindrions pas de pronostiquer la corruption prochaine des mœurs, aussi-bien que le relâchement de la vigueur nationale. C'est-là le période où la chose publique n'offrant plus rien qui attire l'attention, l'intérêt particulier & les plaisirs sensuels, deviennent les objets capitaux. Les citoyens soulagés du fardeau qu'imposent les conjonctures critiques, se livrent à des bagatelles ; &, ayant poussé ce qu'il leur plaît d'appeller sensibilité & délicatesse sur l'article du bien & du mal-être, aussi loin que peuvent aller l'extravagance ou la foiblesse réelles, ils ont recours à l'affectation pour irriter les besoins prétendus, & accumuler les anxiétés d'une imagination malade & d'une ame énervée.

Dans cet état de choses on ne manque guère de se déguiser sa propre foiblesse en la décorant du nom de politesse ; on se persuade que la générosité, l'ardeur & l'intrépidité d'ame, ces vertus si vantées des anciens tems, approchoient de très-près la frénésie, ou n'étoient que de purs effets de la nécessité chez des hommes à qui manquoient les moyens de jouir des commodités & des agrémens de la vie. On se félicite de n'être venu qu'après ces tems orageux qui exigeoient de ſi pénibles vertus; & par un effet de cette vanité qui n'abandonne jamais l'eſpece humaine, pas même dans ſa condition la plus déplorable, on exalte le regne de l'affectation, de la langueur, ou de la folie, comme ſi c'étoit là le plus haut point de la félicité humaine & le période le plus favorable au développement d'une nature raiſonnable.

Ce n'eſt pas un des ſymptômes de décadence les moins menaçans pour un ſiecle, que les opinions ſur l'article du mérite ſoient devenues incertaines, à meſure que la conduite montre une plus grande foibleſſe d'eſprit, & que le cœur eſt embarraſſé dans le choix de ſes objets. Alors on fait conſiſter la ſageſſe dans l'ardeur pour la fortune; alors l'éloignement des affaires publiques & une indifférence réelle pour le genre humain ſont applaudis à titre de modération & de vertu.

Il faut avouer que l'élévation de

sentimens & l'intrépidité de courage n'ont pas toujours été employées à des fins estimables; mais elles sont toujours respectables, elles sont toujours nécessaires, toutes les fois qu'il s'agit d'entreprendre quelque chose pour le bien de l'humanité dans les positions de la vie les plus difficiles. Ainsi lorsqu'on en désapprouve le mauvais emploi, il faut bien se garder d'en déprécier la valeur. Des moralistes séveres & tranchans n'ont pas toujours assez observé ces ménagemens; ils n'ont pas assez senti que les satyres qu'ils lançoient contre ce que le caractere de l'ame humaine a de plus saillant & de plus élevé, étoient une maniere d'autoriser & de flatter des vices, contre lesquels ils auroient dû se tenir mieux en garde.

On auroit dû s'attendre que, dans un siecle avili au dernier degré, les talens d'un Démosthene & d'un Ciceron, même l'intrépidité mal dirigée du héros de Macédoine, ou l'entreprise hardie du général Carthaginois, trouveroient grace aux yeux d'un satyrique, qui avoit autour de lui tant d'objets faits pour attirer ses corrections & fournir matiere à l'art de la déclamation qu'il posséda à un si haut degré :

I, demens & sævos curre per alpes,
Ut pueris placeas, & declamatio fias.

« Courage, insensé, gravis les al-
» pes escarpées, afin d'échauffer un
» jour la verve des enfans & d'être
» le sujet de leurs déclamations » (*a*) !
Ce trait fait partie de la censure malhonnête & indiscrete que ce poëte a répandue sur la personne & l'expédition d'un général qui, par son courage & sa conduite dans le service même qui fait le sujet de la satyre, sauva son pays, autant qu'il fut en lui, de la ruine dans laquelle il fut à la fin entraîné.

(*a*) Juvenal, Satyre 10, trad. de M. *du Saulx*.

Heroes are much the same, the point's agreed,
From Macedonia's madman to the Swede.

« Les héros se ressemblent, il y a » une grande conformité entre le » fou de Macédoine & celui de » Suéde ». C'est ainsi qu'un autre poëte, rempli de grandes beautés, a cherché à ravaler dans ce distique un nom auquel, sans doute, peu de ses lecteurs feront jaloux d'aspirer.

S'il faut que les hommes donnent dans quelques travers, il y a un choix dans les erreurs comme dans les vertus. L'ambition, le desir de l'élévation personnelle, & l'amour de la célébrité, s'ils font quelquefois commettre des crimes, du moins portent toujours les hommes à des entreprises qui ont besoin d'être soutenues par quelques-unes des plus grandes qualités du coeur humain; & si c'est le desir d'un rôle éminent qui soit le principal mobile de ces entreprises, il est probable que l'on s'étudiera du moins à modeler ces qualités ſur ce qui conſtitue en effet une véritable élévation d'âme. Mais quand les allarmes publiques ont ceſſé, & que le mépris de la gloire eſt vanté comme une marque de ſageſſe, les habitudes ſordides & les diſpoſitions mercenaires auxquelles ſont expoſés les membres d'un état policé & commerçant, au milieu d'une indifférence générale pour les objets nationaux, manifeſteront tout-à-la-fois & l'extinction effective de tout ſentiment honnête, & le plus funèſte renverſement de tous les principes d'où les ſociétés politiques tirent leur force & les moyens de leur conſervation.

Il eſt beau, ſans doute, de poſſéder le bonheur & l'indépendance, ſoit dans la retraite, ſoit dans la vie publique. La marque caractériſtique de l'homme heureux eſt de ſe bien comporter dans toutes les ſituations; à la cour, ou au village, au milieu d'un ſénat, ou dans la ſolitude. Mais s'il eſt une poſition qui lui convienne plus particuliérement, c'est indubitablement celle où ses actions peuvent devenir de l'utilité la plus étendue. Le préjugé qui nous fait envisager la retraite comme une marque de modération & de vertu, n'est donc qu'un reste de ce systême qui, dans les tems anciens, fit canoniser les moines & les anachoretes; ou bien il vient d'une façon de penser qui ne seroit pas moins atteinte d'une corruption morale, je veux dire, l'habitude de considérer la vie publique comme une carriere faite pour satisfaire les desirs de la vanité, de l'avarice & de l'ambition, & non comme le théâtre le plus favorable au développement des talens de l'esprit & des qualités du coeur.

L'émulation & l'amour du pouvoir ne sont pas des motifs bien estimables pour entrer dans la carriere des affaires publiques; mais si les choses en étoient au point qu'ils fussent les principaux mobiles qui engageassent les hommes à prendre part au service de leur pays, toute diminution de leur influence ou de leur force seroit une véritable altération des mœurs nationales ; & la prétendue modération qu'affecteroient les citoyens des plus hauts rangs, ne pourroit que produire un effet funeste dans l'état. L'amour désintéressé du bien public est un mobile sans lequel certaines constitutions de gouvernement ne peuvent subsister : mais si l'on considere combien il est rare de le voir regner en passion dominante, il n'y a peut-être pas une nation dont on soit suffisamment autorisé à attribuer la prospérité ou la conservation à l'influence de ce mobile.

Peut-être est-ce assez pour certaine forme de gouvernement que le citoyen soit jaloux de son indépendance ; qu'il soit prompt à s'opposer à l'usurpation, & à repousser les indignités qui attaquent sa personne : dans tel autre gouvernement il suffit que ses membres tiennent fortement à leur rang & à leurs distinctions, & qu'à la place de zele pour le bien public, ils aient une jalousie vigilante pour les droits qui leur appartiennent. Tant que des nombres d'hommes conservent un certain degré d'élévation & d'énergie, ils ont ce qu'il faut pour tenir en équilibre leurs erreurs mutuelles, & sont en état d'agir dans toutes ces situations diverses que peuvent amener les différentes constitutions de gouvernement : mais après l'affoiblissement des esprits, quelqu'éclairés qu'ils soient, & de quelque maniere qu'ils soient dirigés, il n'y a point de constitution qui ne soit en danger ; & le degré d'agrandissement auquel l'état est parvenu, quel qu'il soit, ne peut être un garant sûr de sa prospérité politique.

Dans les états qui offrent pour amorce à l'imagination & aux passions la propriété, les distinctions & le plaisir, le public semble se reposer de la conservation de sa vie politique sur le degré d'émulation & de jalousie avec lequel les différens partis s'observent & se tiennent mutuellement en échec. Le desir d'obtenir des préférences & des avantages lucratifs fournit au citoyen les motifs qui l'engagent à entrer dans les affaires publiques, & les considérations d'après lesquelles il arrange sa conduite politique. Ainsi, en tout cas semblable, la suppression de l'ambition, de l'animosité de parti, & de l'envie publique, loin d'annoncer une réforme, doit plutôt être regardée comme un symptôme de foiblesse, & un indice d'occupations plus sordides & d'amusemens ruineux.

A la veille d'une pareille révolution dans les mœurs, les hommes des rangs les plus éminens, dans tout gouvernement ou mixte, ou monarchique, doivent songer à eux. Les hommes voués aux travaux & à l'industrie, dans les conditions inférieures, conservent leurs occupations, & sont rassurés, par une sorte de nécessité, dans la possession des habitudes dont ils tirent leur tranquillité, leur subsistance & leurs modiques jouissances. Mais, si les hommes du premier ordre abandonnent l'état, s'ils cessent de posséder ce courage, cette élévation d'esprit & de cultiver ces talens qui sont utiles à sa défense & aux besoins du gouvernement, ils deviennent réellement, par les avantages apparens de leur condition, le rebut de cette société dont ils furent autrefois l'ornement; & au lieu d'être les plus heureux & les plus respectables de ses membres, ils sont les plus misérables & les plus corrompus. A l'approche de cet état de choses, destitués de toute occupation digne d'un homme, ils éprouvent un mécontentement intérieur & une langueur dont ils ne peuvent rendre raison : ils sechent au milieu de leurs jouissances apparentes ; ou, par la diversité, l'instabilité & le caprice qui président à leurs différentes occupations & à leurs amusemens, ils manifestent une anxiété qui, semblable à l'agitation d'un malade, loin d'être une marque de contentement & de plaisir, annonce un état de peine & de souffrance. L'un fait sa grande affaire de ses bâtimens, de son train, ou de sa table; un autre se livre à la littérature ou à quelqu'étude frivole. Les jeux du pays, les dissipations de la ville; une table de jeu (*a*), des chiens, des chevaux, le vin, voilà les ressources auxquelles ils sont réduits pour remplir le vuide d'une vie nonchalante & inutile. A entendre la maniere

(*a*) Il y a, sans doute, une grande différence à faire entre ces diverses occupations, à raison de leur dignité & de leur innocence; mais aucune d'elles ne peut être une école où se forment des hommes propres à soutenir la fortune chancelante des nations; toutes sont également faites pour détourner les hommes de ce qui devroit être leur objet principal, le bien de l'humanité.

dont ils parlent des occupations humaines, on diroit que leur embarras est de trouver quelque chose à faire : ils s'adonnent à quelque futilité, comme s'il n'y avoit rien qui méritât de les occuper : ce qui tend au bonheur de leurs semblables, ils le regardent comme un dommage pour eux-mêmes : ils se dérobent à toutes les occasions qui exigeroient d'eux quelqu'effort de vigueur, ou qui pourroient les entraîner à faire quelque chose pour leur pays. C'est une compassion déplacée que celle que nous avons pour le pauvre ; elle seroit bien mieux appliquée au riche, qui est la premiere victime de cette nullité déplorable dans laquelle se précipitent volontairement les membres de tout état corrompu, par une suite nécessaire de leur foiblesse & de leurs vices.

C'est alors que le voluptueux imagine tous ces rafinemens de sensualité, qu'il invente tous ces moyens d'aiguiser des desirs émoussés, recherches funestes qui ne sont bonnes qu'à fomenter les corruptions d'un siecle dissolu. Dans les âges de grossiéreté, l'appétit brutal & la débauche ont peut-être plus de violence & des effets plus dégoûtans que dans les derniers périodes du commerce & du luxe; mais cette manie de chercher sans cesse le plaisir des sens où il n'est pas, dans les jouissances d'un appétit éteint & parmi les ruines d'une constitution physique délabrée; cette manie n'est pas plus fatale aux vertus de l'ame, qu'elle ne l'est à la tranquillité même & au plaisir; c'est un moyen sûr d'écarter les esprits des affaires publiques; c'est un avant-coureur certain de la décadence nationale, mais c'est encore plus infailliblement le tombeau de la félicité privée.

Dans ces réflexions notre but n'a point été d'assigner la mesure précise à laquelle la corruption fut parvenue chez quelqu'une des nations qui ont atteint le plus haut degré de grandeur, ou qui sont tombées dans la décadence ; mais de décrire ce relâchement d'esprit, cet affoiblissement d'ame, cet état de débilité nationale qui doivent aboutir à l'esclavage politique ; fléau qui nous reste à examiner comme le dernier objet de nos considérations, au-delà duquel le sort désespéré des nations n'offre plus rien à nos recherches.

CHAPITRE V.

De la corruption, en tant qu'elle conduit à l'esclavage politique.

LA liberté en un sens paroît être le partage des seules nations policées. Le sauvage est personnellement libre, en ce qu'il vit sans gêne, & traite avec les membres de sa tribu dans les termes de l'égalité. Le barbare est souvent indépendant par une prolongation des mêmes circonstances, ou bien parce qu'il a du courage & une épée. Mais il n'y a qu'une bonne police qui puisse pourvoir à l'administration réguliere de la justice, ou constituer une force dans l'état qui soit prête, en toute occasion, à défendre les droits de ses membres.

On a remarqué qu'à l'exception d'un petit nombre de cas particuliers, les arts de commerce & ceux de police ont toujours marché conjointement & d'un pas égal. Ces arts dans l'Europe moderne ont été si enlacés les uns avec les autres, qu'on ne peut déterminer lesquels ont été les premiers en date, ou ont retiré le plus d'avantages de l'influence simultanée avec laquelle ils agissent & réagissent les uns sur les autres. Chez quelques nations on voit que c'est l'esprit de commerce, attentif à mettre ses profits à couvert, qui a frayé le chemin à la sagesse politique. Un peuple se trouvant en possession de la richesse, & devenu jaloux de ses propriétés, a formé le projet de s'affranchir, &, à la faveur d'une importance nouvellement acquise, il est parvenu à étendre de plus en plus ses prétentions, & à disputer la prérogative que son souverain étoit dans l'usage de s'arroger. Mais on se tromperoit fort si l'on s'attendoit que la richesse produira dans un âge les mêmes effets qu'elle a produits dans un âge antérieur. Les grands accroissemens

accroissemens de fortune, tandis qu'ils sont récens & qu'ils sont accompagnés de frugalité & d'un sentiment d'indépendance, peuvent rendre le possesseur confiant dans sa force, & prompt à s'élever contre l'oppression. La bourse qui est ouverte, non pour fournir aux dépenses personnelles, ou aux fantaisies de la vanité, mais pour soutenir les intérêts d'une faction, pour satisfaire des passions plus relevées; les passions de parti, rendra le citoyen riche formidable à ceux qui aspirent à la domination; mais il ne s'ensuit pas que, dans un tems de corruption, une mesure de richesse égale ou plus grande doive opérer le même effet.

Au contraire, quand la richesse est accumulée seulement dans les mains de l'avare, & qu'elle s'écoule sans objet & sans discrétion de celles du prodigue; quand les héritiers de famille se trouvent à l'étroit & pauvres au sein de l'abondance; quand les besoins impérieux du luxe étouffent jusqu'à la voix des partis & des factions ; quand l'espoir de mériter des récompenses par la complaisance, ou la crainte de perdre ce que l'on possede à titre précaire, tiennent les hommes dans un état d'indécision & d'anxiété ; quand la fortune, en un mot, au lieu d'être considéréé comme un instrument pour un esprit vigoureux, devient l'idole d'un esprit avare ou prodigue, intéressé ou timide ; la base sur laquelle fut élevé l'édifice de la liberté, peut servir d'appui à la tyrannie ; & ce qui dans un tems enfla les prétentions & nourrit la confiance du sujet, peut dans un autre tems, le plier à la servitude, & payer le prix de ses prostitutions. Ceux-mêmes qui, dans un période de vigueur, montrerent par leur exemple que la richesse entre les mains du peuple est un principe de liberté, pourront aussi, dans un moment de dégradation, vérifier la maxime de Tacite :

que l'admiration pour les richesses mène au despotisme (*a*).

Des hommes qui ont goûté les charmes de la liberté & qui ont senti le prix de leurs droits personnels, ne s'accoutument pas aisément à supporter les atteintes qu'on voudroit leur porter, & n'en viennent pas, sans quelques préparations, au point de se soumettre à l'oppression. Ces malheureuses préparations, ils peuvent sous les différentes formes de gouvernement, les recevoir de différentes mains, & arriver au même but par des chemins différens. Dans les républiques ils suivent une direction: dans les monarchies & les constitutions mixtes, ils en suivent une autre. Mais par-tout où l'état s'est effectivement conservé par des moyens qui n'ont pas en même-tems conservé la vertu des sujets; il en résulte in-

(a) *Est apud illos & opibus honos; eâque unus imperitat, &c.* Tacite, *de mor. Ger.* c. 44.

failliblement du relâchement & de l'indifférence pour la chose publique ; & les nations policées, quelle que soit leur conformation, paroissent exposées à cette espece de danger, à proportion du degré auquel elles ont joui d'une paix & d'une prospérité non interrompues, durant un espace de temps plus ou moins considérable.

La liberté, nous dit-on, résulte du gouvernement des loix ; & nous sommes portés à considérer des statuts, non pas simplement comme les résolutions & les maximes d'un peuple qui veut être libre, non pas comme des écrits dans lesquels sont consignés leurs droits ; mais comme un pouvoir érigé pour la garde de ces droits, & comme une barriere que le caprice de l'homme ne peut franchir.

Quand, en Asie, un Bacha prétend décider toute espece de contestation d'après les lumieres de l'équité naturelle, nous convenons qu'il eſt revêtu d'un pouvoir illimité. Lorſqu'en Europe on laiſſe un juge prononcer ſuivant ſa propre maniere d'interpreter des loix écrites, eſt-il, en aucun ſens, plus gêné que le Bacha? Les expreſſions multipliées d'un ſtatut ont-elles ſur la conſcience & ſur le cœur un aſcendant plus puiſſant que celui de la raiſon & de la nature? Dans une procédure judiciaire les parties courent-elles plus de riſque, lorſque leurs droits ſont diſcutés d'après une regle qui eſt à la portée de toutes les têtes, que lorſqu'on ſe réfere à un ſyſtême compliqué, dont l'étude & l'explication ſont devenues l'objet d'une profeſſion particuliere?

Si les ſtatuts écrits, les formes de procédure & tout ce qui fait loi, ceſſent de tirer leur force de l'eſprit même qui les a inſpirés; ils ne ſervent plus à réprimer, mais ſeulement à couvrir les iniquités du pouvoir: peut-être ſeront-ils reſpectés, même par le magiſtrat corrompu, toutes les fois qu'ils s'accorderont avec ses desirs; mais lorsqu'ils lui feront obstacle, il s'en moquera & trouvera le moyen de les éluder. L'influence des loix, par-tout où elles ont un effet réel pour le maintien de la liberté, n'est point un pouvoir magique qui émane de tablettes chargées de livres, mais c'est réellement l'influence d'hommes résolus d'être libres; d'hommes qui, ayant ajusté par écrit les termes dans lesquels ils doivent vivre avec l'état & avec leurs concitoyens, sont déterminés à mettre toute leur vigilance & leur vigueur à faire observer ces termes.

Dans toute espece de gouvernement on apprend à craindre les usurpations qui peuvent provenir de l'abus ou de l'extension de la puissance exécutrice. Dans les pures monarchies cette puissance est ordinairement héréditaire, & suit un ordre de succession déterminé. Dans les monarchies électives, elle est possédée à vie. Dans les républiques, on l'exerce pendant un tems limité. Par-tout où des hommes ou des familles sont appellés par élection à la possession de dignités d'une durée préfixe, l'objet de l'ambition est plutôt de perpétuer que d'étendre le pouvoir qui y est attaché. Dans les monarchies héréditaires, la souveraineté est toujours perpétuelle; & le but de tout prince ambitieux est d'agrandir sa prérogative. Les républiques, & dans des tems de commotion toute espece de communauté, ont à craindre, non-seulement ceux qui sont placés suivant les formes dans les postes de confiance, mais encore toute personne poussée par l'ambition, ou portée par une faction.

Il n'est point avantageux pour un prince ou pour tout autre magistrat de posséder plus de pouvoir qu'il n'est compatible avec le bien de l'humanité; de même qu'il n'y a rien à gagner pour un homme à être injuste: mais ces maximes sont une foible sauve-garde contre les passions &

la folie des hommes. Ceux qui sont dépositaires de quelque portion d'autorité sont portés, par pure aversion pour la gêne, à écarter les oppositions. Non-seulement le monarque qui porte un sceptre héréditaire, mais le magistrat qui ne possede son office que pour un tems limité, devient jaloux de sa dignité. Le ministre même qui dépend pour sa place de la volonté passagere de son prince, & dont les intérêts personnels sont, à tous égards, ceux d'un sujet, a aussi la foiblesse de s'intéresser à l'accroissement de sa prérogative, & de regarder comme un gain pour lui-même les usurpations qu'il a faites sur les droits du peuple, avec qui il est tout prêt de faire nombre lui-même & sa famille.

Même avec les meilleures intentions envers les hommes, nous sommes portés à croire que leur bien-être dépend, non de leurs heureuses inclinations, ou du bon usage de leurs talens, mais de leur prompte complaisance à adopter ce que nous avons imaginé pour leur bien. En conséquence la plus haute vertu dont un souverain ait jamais donné l'exemple, n'est pas un penchant à chérir dans son peuple l'esprit de liberté & d'indépendance; mais, ce qui est en lui-même assez rare & infiniment précieux, une application constante à faire rendre la justice en matiere de propriété; une disposition à protéger & à obliger; à réformer les abus, & à promouvoir les intérêts de ses sujets. C'étoit relativement à ces nobles fonctions, que Titus évaluoit le prix de son tems & qu'il jugeoit de son emploi. Mais l'épée qui, dans sa main bienfaisante, ne servoit qu'à protéger les sujets, & à procurer une distribution prompte & efficace de la justice, pouvoit aussi, dans la main d'un tyran, servir à répandre le sang de l'innocent, & à enfreindre les droits des hommes. Les actes d'humanité momentanés, quoiqu'ils suspendent l'exercice de l'oppression, ne brisent point les chaînes nationales : le prince même étoit d'autant plus en état de faire le bien qu'il se proposoit, qu'il ne restoit plus vestige de liberté & qu'il n'existoit plus une force capable de contredire ses decrets, ou d'en interrompre l'exécution.

C'étoit donc bien en vain qu'Antonin s'étoit familiarisé avec les caracteres de Traséas, d'Helvidius, de Caton, de Dion & de Brutus? C'étoit en vain qu'il s'étoit appliqué à connoître la forme d'une communauté libre, fondée sur la base de l'égalité & de la justice; ou d'une monarchie sous laquelle les libertés du sujet fussent l'objet le plus sacré de l'administration (a)? S'étoit-il trompé sur les moyens de procurer à l'humanité ce qu'il nous présente comme un bonheur? Et le pouvoir absolu

(a) M. Ant. liv. 1.

qu'il avoit en main, dans un puissant empire, n'étoit-il pas même ce qui le mettoit hors d'état d'exécuter ce que son esprit avoit conçu comme un bien national ? Il seroit inutile, en pareil cas, de flatter le monarque ou son peuple. Le premier ne peut donner la liberté sans faire naître un esprit qui pourroit dans l'occasion apporter des oppositions à ses propres desseins ; & l'autre ne peut recevoir ce bienfait, sans reconnoître dans un maître le droit de le donner ou de le retenir. Les réclamations de justice sont fermes & péremptoires. Nous recevons les faveurs avec un sentiment d'affection & de gratitude ; mais ce qui nous est dû, nous l'exigerions de vive force ; & l'esprit de liberté, dans cette conjoncture, ne peut, sans se démentir, prendre le ton de la supplication & de la reconnoissance. « Vous avez » conjuré Octave, (dit Brutus à Ci- » ceron) de faire grace à ceux qui » sont le plus fortement attachés au

» parti de la république. Mais, s'il » refusoit, faut-il que nous périssions ? Oui ; plutôt que de lui » être redevable de notre conservation ».

La liberté est un droit que tout individu doit être prêt à réclamer pour lui même, & c'est réellement contester ce droit par le fait même que de prétendre la donner à titre de faveur. On ne peut même se reposer du maintien de la liberté sur les établissemens politiques, quoiqu'ils paroissent indépendans de la volonté & de l'arbitrage des hommes ; ils peuvent bien entretenir ; mais non remplacer ce courage ferme & résolu avec lequel un coeur généreux est toujours prêt à résister aux outrages & à pourvoir par lui-même à sa sûreté.

Ainsi toutes les fois qu'une nation est dans le cas de recevoir sa forme du souverain, comme l'argile reçoit la sienne des mains du potier, ce projet de rendre libre un peuple actuellement esclave est peut-être le plus difficile de tous les projets, & celui qui exige le plus d'être exécuté en silence & avec la plus profonde circonspection. Les hommes ne sont susceptibles de ce don précieux, qu'autant qu'ils sont en état de connoître leurs propres droits & de respecter les prétentions légitimes du genre humain; autant qu'ils ont la volonté de supporter dans leurs propres personnes le fardeau du gouvernement & de la défense nationale, & de préférer les travaux & les devoirs d'un cœur bien né aux douceurs de l'oisiveté, & aux trompeuses espérances d'une sûreté achetée par la soumission & par la crainte.

Je parle avec respect & même, si on veut me passer l'expression, avec indulgence pour ceux qui sont dépositaires des hautes prérogatives dans le système politique des nations. Il faut en convenir, rarement c'est à eux qu'il faut s'en prendre;

si les états sont asservis. Qu'a-t-on lieu d'attendre d'eux, si ce n'est qu'étant poussés par des desirs naturels à l'homme, ils aient en aversion tout ce qui déconcerte ou retarde leurs desseins, & que, dans l'ardeur avec laquelle ils suivent leur objet, ils franchissent les barrieres qui les arrêtent dans leur marche? Si des millions d'hommes reculent devant des hommes seuls, & que des sénats soient passifs comme s'ils étoient composés de membres qui n'eussent ni opinion, ni sentiment à eux; qui est-ce qui aura trahi la cause de la liberté, ou à qui faut-il imputer sa chûte? Est-ce au sujet qui a abandonné son poste? est-ce au souverain qui n'a fait que garder le sien, & qui, dès que son pouvoir cesse d'être surveillé par les membres collatéraux ou subordonnés du gouvernement, doit continuer à se mettre à son aise & à écarter les limites qui resserrent son autorité?

On ſait que les conſtitutions formées pour maintenir la liberté, doivent être composées de pluſieurs parties ; que des ſénats, des aſſemblées populaires, des cours de juſtice ; des magiſtrats de différens ordres doivent être combinés de maniere à ſe contrebalancer mutuellement pendant qu'ils exercent, qu'ils appuient, ou qu'ils tiennent en échec la puiſſance exécutrice. Si on retranche une ſeule partie, il faut que l'édifice chancelle ou s'écroule ; ſi quelque membre vient à ſe relâcher, les autres ſeront entreprenans. Dans des aſſemblées composées d'hommes différens par les talens, par les habitudes & par la maniere de voir, il faudroit qu'il y eût quelque choſe de ſurnaturel pour qu'ils ſe trouvaſſent d'accord ſur tous les points de quelqu'importance ; ayant des vues & des opinions différentes, leur probité ſeroit plus que ſuſpecte, s'il ne s'élevoit des diſputes entr'eux : l'unanimité que l'on a coutume de louer, doit donc être considérée comme un danger pour la liberté. Nous souhaitons cette unanimité, au risque de prendre à sa place le relâchement d'hommes devenus indifférens pour la chose publique; la vénalité de ceux qui ont vendu les droits de leur pays, ou la bassesse d'autres qui vouent une obéissance implicite à un chef par qui leurs esprits sont asservis. L'amour du bien public, & le respect pour les loix, voilà les points sur lesquels les hommes sont obligés d'être d'accord; mais si dans des matieres problématiques on suit invariablement le sentiment d'un individu ou d'un parti, la cause de la liberté est déja trahie.

Celui dont l'office est de gouverner un peuple abject & engourdi, ne peut cesser un moment d'étendre son pouvoir. Toute exécution de la loi, tous les mouvemens de l'état; toute opération civile ou militaire où son pouvoir se déploie, doivent contribuer à affermir son autorité, & le montrer aux yeux du public comme le seul objet de considération, de crainte & de respect. Les établissemens qui, dans un tems, furent imaginés pour limiter ou diriger l'exercice d'une puissance exécutrice, serviront, dans un autre tems, à cimenter les fondemens de cette puissance & à lui donner de la stabilité; ils lui indiqueront les routes qu'elle doit suivre pour ne point choquer ni donner d'ombrage; & les conseils mêmes qui furent institués pour réprimer ses entreprises, prêteront, dans un tems de corruption, leur assistance à ses usurpations.

Souvent la passion de l'indépendance & l'amour de la domination proviennent d'une source commune: il entre dans l'une & dans l'autre une aversion pour la contradiction; celui qui, dans une situation, ne peut souffrir de supérieur, aura bien de la peine, dans une autre situation, à souffrir des égaux.

Ce qu'est le prince, en vertu de la constitution de son pays, dans une monarchie pure ou limitée, le chef d'une faction voudra l'être dans les gouvernemens républicains. S'il parvient à ce terme desiré, son penchant & la tendance des choses humaines, sembleront lui frayer le chemin à la royauté; mais les circonstances dont il se verra environné, sont bien différentes de celles où se trouve un roi. Le premier a affaire à des hommes qui ne connoissent point l'inégalité; il est obligé, pour sa propre sûreté, de tenir continuellement le poignard levé. Peut-être, lorsqu'il se croira hors de danger, formera-t-il le projet d'être juste; mais, depuis le premier instant de son usurpation, il est forcé d'employer en tout l'autorité despotique. L'héritier d'une couronne n'a point de pareils débats avec ses ſujets ; ſa poſition n'a rien que de flatteur ; & il faudroit qu'il eût un bien mauvais cœur, pour ne pas ſe ſentir porté d'affection pour un peuple, dans lequel il trouve tout-à-la-fois des admirateurs, des ſoutiens, & la gloire de ſon regne. Il peut bien n'avoir pas le deſſein formel d'entreprendre ſur les droits de ſes ſujets ; mais les formes établies pour le maintien de leur liberté, ne ſont pas pour cela toujours bien en ſûreté entre ſes mains.

La ſervitude fut impoſée au genre humain dans l'ivreſſe d'une ambition dépravée, & les cruautés de la tyrannie furent commiſes dans les noirs accès du ſoupçon & de la terreur ; ces moyens affreux cependant ne ſont point néceſſaires pour ériger ou ſoutenir une puiſſance arbitraire. Malgré l'exemple de la police de la république Romaine, la mieux entendue qui ait jamais exiſté pour la conſervation d'une fortune nationale ; il ſe trouve des ſujets qui ſaussi-bien que leurs princes, se persuadent que la liberté met des entraves aux procédés du gouvernement ; & que le pouvoir despotique est le plus favorable à la célérité & au secret que demande l'exécution des délibérations publiques ; le plus propre à maintenir ce qu'il leur plaît d'appeller l'ordre politique (*a*), &

(*a*) Nous avons souvent une bien fausse idée de l'ordre de la société civile : nous l'empruntons d'une analogie avec des objets morts & inanimés ; nous regardons le mouvement & l'action comme opposés à sa nature : nous ne croyons pas qu'il puisse exister sans l'obéissance, le secret, & ce mystere avec lequel les affaires passent par les mains d'un petit nombre de personnes. Le bon ordre des pierres dans une muraille consiste en ce qu'elles soient précisément ajustées dans les places pour lesquelles elles ont été taillées, de maniere qu'on ne puisse les mouvoir sans faire écrouler la bâtisse : mais le bon ordre des hommes en société est qu'ils soient placés là où ils sont le mieux pour agir. Dans le premier cas c'est un édifice composé de parties mortes & inanimées ; dans le second, il

à faire prompte justice sur les plaintes. Ils vont même quelquefois jusqu'à prétendre que le gouvernement despotique seroit le mieux fait pour rendre les hommes heureux, si l'on pouvoit se promettre une longue suite de bons princes. De quel droit des hommes qui raisonnent de cette maniere, pourroient-ils blâmer un souverain qui, dans la ferme persuasion qu'il fera un bon usage de son pouvoir, s'applique à en reculer les limites ? Selon lui, il ne fait que renverser les obstacles qui obstruent le chemin de la raison, & s'opposent à l'effet de ses intentions bienfaisantes.

Ainsi disposé aux usurpations,

---

est formé de membres vivans & agissans. Lorsque, dans la société, nous demandons un ordre de pure inaction & de tranquillité, nous oublions la nature de notre sujet ; & cette espece d'ordre est celui qui doit régner dans un troupeau d'esclaves, & non celui qui convient à des hommes libres.

qu'on le laisse, à la tête d'un état libre, employer la force dont il est armé à étouffer les semences de désordre apparent dans tous les coins de sa domination; qu'on le laisse soumettre l'esprit de dissention & de dispute dans le peuple; affranchir le gouvernement des embarras que mettent dans sa marche les mutineries & les intérêts particuliers des sujets; rassembler toutes les forces de l'état contre ses ennemis, en s'emparant de tout ce qu'on peut en tirer par la voie des taxes & par le service personnel; il est très-probable que, même en suivant sa passion pour le bien, il renversera tous les remparts de la liberté & établira un despotisme, tout en se flattant lui-même qu'il ne fait que céder aux inspirations de la raison & aux inductions des circonstances.

Supposons que le gouvernement soit parvenu à procurer ce degré de tranquillité que nous espérons quelquefois en tirer, comme le plus précieux de ses bienfaits, & que dans les divers départemens de la législation & de l'exécution, les affaires publiques marchent de maniere à occassionner le moins d'interruption possible au commerce & aux arts lucratifs; un pareil état, semblable à celui de la Chine, par cela même que les affaires sont départies entre des offices séparés, où la conduite se réduit à une attention de détail & à l'observation des formes, par cela qu'il ne laisse rien à faire à l'essor du génie & du caractere, est bien plus voisin du despotisme que nous ne sommes portés à le croire.

On peut examiner à part si l'oppression, l'injustice & la cruauté sont les seuls fléaux qui accompagnent le gouvernement despotique. Il suffit aussi d'observer que la liberté n'est jamais en plus grand péril que lorsqu'on en est au point de mesurer la félicité nationale par le bien que peut faire un prince, ou par la seule tranquillité qui résulte d'une administration équitable. Le souverain peut éblouir par ses qualités héroïques; il peut protéger ses sujets dans la jouissance de tous les avantages & les plaisirs physiques; mais les biens qui naissent de la liberté sont d'une espece bien différente; ils ne sont pas simplement le produit d'une vertu ou d'une bonté qui n'agit que dans le cœur d'un seul homme; c'est la communication de la vertu même à une multitude d'hommes; & une distribution des fonctions de la société, telle qu'une multitude d'hommes y trouve les exercices & les occupations qui conviennent à leur nature.

Les meilleures constitutions de gouvernement ont leurs inconvéniens; & l'exercice de la liberté peut, en différentes occurrences, donner lieu à des plaintes. Tandis qu'on est en train de réformer des abus, les abus de la liberté peuvent nous emporter trop loin à l'égard du sujet de

de la part de qui les abus sont censés venir. Le despotisme lui-même a certains avantages, du moins dans les tems de douceur & de modération; il peut procéder d'une maniere si peu choquante qu'il n'excite point d'allarmes publiques. Ces circonstances peuvent conduire les hommes, par un esprit de réforme, ou par pure inadvertance, à introduire, ou à admettre de dangereuses innovations dans l'état de leur police.

Cependant ce n'est pas toujours à la faveur de l'erreur que s'introduit la servitude, elle est quelquefois imposée avec un esprit de violence & de rapine. Des princes deviennent corrompus aussi-bien que leur peuple; & quelle que soit l'origine du despotisme, ses prétentions, dès qu'elles sont mises au grand jour, produisent entre le souverain & ses sujets une contestation que la force seule peut décider. Ces prétentions offrent une perspective menaçante pour la personne, les propriétés où la vie de tout sujet; elles allarment toutes les passions du cœur humain; elles troublent le repos de l'homme nonchalant; elles privent l'homme vénal de son salaire; elles déclarent la guerre à l'homme corrompu, aussi-bien qu'à l'homme vertueux; il n'y a que le lâche qui les admette avec soumission; encore faut-il qu'elles soient étayées par une force capable de tenir ses frayeurs en activité. Cette force, le conquérant la tire du dehors; & l'usurpateur domestique cherche à la trouver dans sa faction, au sein même de l'état.

Lorsqu'un peuple est aguerri, il est difficile à une partie de subjuguer le tout: ou bien, avant l'établissement des armées disciplinées, il est difficile à un usurpateur de gouverner le grand nombre par l'assistance du petit nombre. Quelquefois cependant la police des nations civilisées & commerçantes a applani ces difficultés ; en établissant une distinction entre la profession militaire & les professions civiles, en mettant dans des mains différentes la jouissance & la garde de la liberté, elle prépare les voies à l'alliance dangereuse de la faction avec la force militaire, contre les seules formes politiques & les droits des hommes.

Un peuple désarmé par complaisance pour ce fatal rafinement, n'a plus d'autre sauve-garde, que les représentations de la raison & de la justice au tribunal de l'ambition & de la force. Dans une pareille extrémité, c'est en vain que l'on invoque des loix, & que des sénats s'assemblent. Ceux qui composent la législation, ou qui occupent les départemens civils de l'état, délibéreront sur les messages qui leur seront envoyés du camp ou de la cour ; mais si le messager, comme le centurion qui apporta au sénat Romain les demandes d'Octave, montre la garde de son épée (*a*), ils sentiront alors que les demandes sont des ordres, & qu'eux-mêmes, de dépositaires qu'ils étoient du souverain pouvoir, ils sont devenus seulement une portion de son attirail.

Les observations contenues dans ce chapitre sont plus ou moins applicables aux nations, suivant le degré d'étendue qu'elles possédent. De petites communautés, quoique corrompues, ne sont pas pour cela préparées au gouvernement despotique; leurs membres confondus ensemble & voisins du siége de l'autorité, n'oublient jamais leur relation avec le public; ils discutent les prétentions de ceux qui veulent gouverner, avec la familiarité & la liberté auxquelles ils sont habitués; & si l'amour de l'égalité & le sentiment de la justice cessent de les animer, ils se conduisent d'après les motifs de faction,

(*a*) Suétone.

d'émulation, ou de jalousie. Tarquin éxilé avoit ses partisans à Rome ; mais si par leur moyen il fût parvenu à remonter sur le trône, il est vraisemblable que dans l'exercice de la royauté, il se seroit bientôt rètrouvé aux prises avec le parti même à qui il eut été redevable de son rétablissement.

Plus un territoire acquiert d'étendue, plus ses parties perdent de leur importance comparative à l'égard du tout. Ses habitans cessent d'appercevoir leur liaison avec l'état, & se trouvent rarement d'accord pour l'exécution d'une entreprise nationale, ou même d'un plan de faction. L'éloignement où ils sont du siége de l'administration, & leur indifférence pour les personnes qui se disputent les premiers rôles, accoutument le plus grand nombre à se regarder comme les sujets d'une souveraineté, & non comme les membres d'un corps politique. Il est même à remarquer que l'agrandissement du territoire en affoiblissant l'importance de l'individu par rapport au public, en le mettant moins à portée de s'ingérer dans ses conseils, tend effectivement à rétrécir le cercle des affaires nationales, & à diminuer le nombre des personnes consultées pour la législation, ou les autres matieres de gouvernement.

Les désordres auxquels un grand empire est exposé, exigent des expédiens prompts, de la vigilance & une exécution précise. Il faut la force militaire pour tenir en respect des provinces éloignées; & la puissance dictatoriale à laquelle on a quelquefois recours, dans les états libres, pour étouffer des révoltes, ou arrêter les progrès de quelqu'autre mal survenu, paroît, dans une domination d'une certaine étendue, également nécessaire en tout tems pour empêcher la dissolution d'un corps, dont les parties ont besoin d'être cimentées par les mêmes moyens par lesquels elles furent assemblées, par des mesures forcées, décisives & secretes. Aussi de toutes les circonstances qui, dans le résultat des arts de commerce & à la suite de la prospérité nationale, conduisent au despotisme, il n'y en a peut-être aucune qui aboutisse plus directement à ce terme, que l'agrandissement continuel de territoire. Dans tout état, la liberté de ses membres dépend de l'arrangement & de l'équilibre de ses parties intérieures ; & l'existence d'une liberté semblable pour la masse de l'espece humaine, dépend de la balance des nations. En fait de conquête, on dit que ceux qui sont subjugués ont perdu leurs libertés ; mais, si on consulte l'histoire, on trouvera qu'en effet conquérir & être conquis, sont une même chose.

CHAPITRE VI.

Des progrès & du terme du despotisme.

Les hommes ordinairement marchent à pas lents & presqu'imperceptibles, lorsqu'ils dégénérent & penchent vers leur ruine, aussi-bien que lorsqu'ils se perfectionnent & acquierent des avantages réels. Si, pendant des âges d'activité & de vigueur, ils portent la grandeur nationale à un point d'élévation que, de loin la sagesse humaine n'eut pu prévoir; dans les âges de relâchement & de foiblesse, ils éprouvent aussi bien des calamités, dont leurs craintes ne leur avoient pas même suggéré l'idée, & que, peut-être, ils croyoient écartées loin d'eux par le courant des succès & de la prospérité.

Nous avons déja observé que, lorsque les hommes sont relâchés ou corrompus, la vertu de leurs chefs, ni les bonnes intentions de leurs magistrats ne leur assurent pas toujours la possession de la liberté politique. La soumission implicite à un chef, & tout exercice de pouvoir qui n'est ni surveillé, ni contredit, menent souvent à la subversion des institutions légales, même avec le dessein de faire le bien. De quelque maniere que s'accomplisse cette fatale révolution, elle se termine par le gouvernement militaire; & ce gouvernement, quoique le plus simple de tous, n'arrive cependant à son comble que par degrés. Dans son premier période, ayant à s'exercer sur des hommes qui ont agi en qualité de membres d'une communauté libre, il ne peut que jetter les fondemens d'une police despotique, & non en completter l'édifice. L'usurpateur qui, à main armée, s'est emparé du centre d'un grand empire, voit tout autour de lui, peut-être, les débris épars d'une ancienne constitution: il peut entendre les murmures d'une soumission forcée & prête à se démentir. Il peut même trembler à l'aspect d'un grand nombre d'hommes, dont il a désarmé le bras sans subjuguer leur esprit, sans les réconcilier avec son pouvoir.

Le sentiment de droits personnels & la prétention à des priviléges & des honneurs, qui subsistent dans certains ordres d'hommes, sont autant de barrieres, qui arrêtent dans sa marche une usurpation récente. Si elle n'attend pas que le tems les ébranle, ou qu'elles tombent par une suite du progrès de la corruption, il faut qu'elle les renverse de vive force, & il faut répandre du sang à chaque nouvel essai d'autorité; encore arrive-t-il souvent que l'effet est tardif. On le sait, l'esprit Romain survécut à une succession de plusieurs maîtres, & à l'usage réitéré du meurtre & du poison. Les familles nobles & respectables aspiroient encore à leurs anciennes distinctions : l'histoire de la république, les écrits des siecles passés, les monumens des hommes illustres, & les leçons d'une philosophie remplie de conceptions héroïques, continuerent à nourrir l'ame dans la retraite, & formerent ces caracteres éminens, dont la sublimité & le destin sont peut-être ce que l'histoire des hommes offre de plus frappant. Quoiqu'ils fussent incapables d'arrêter la pente générale à la servitude, les inclinations qu'on leur supposoit, suffirent pour les rendre des objets de défiance & d'aversion, & il leur fallut payer du prix de leur sang un sentiment qu'ils entretenoient dans le silence, & dont la chaleur restoit concentrée dans le cœur.

Tandis que le despotisme poursuit son accroissement, quels sont les principes qui dirigent la conduite du souverain, dans le choix des mesures propres à établir son gouvernement? Une fausse idée de son propre intérêt, quelquefois même de celui de son peuple, & le desir qu'il éprouve, en toute occurrence particuliere, d'écarter tout ce qui fait obstacle à l'exécution de sa volonté. A-t-il pris une résolution ? quiconque hasarde des raisons ou des remontrances contraires, est un ennemi ; s'il a quelqu'élévation dans l'ame, quiconque prétend à se faire remarquer, ou est disposé à agir par lui-même, est un rival. Il ne veut souffrir de dignité dans l'état que celle que l'on tient de lui, ni de pouvoir effectif, que celui qui porte l'expression de sa fantaisie du moment. Guidé par une perception aussi sûre que celle de l'instinct, il ne se méprend jamais dans le choix des vrais objets de son antipathie ou de sa faveur. L'air d'indépendance le repousse, l'air de servitude l'attire. Le but de son administration est de contenir tout esprit remuant, & de prendre sur lui seul toutes les fonctions du gouvernement (*a*). Quand le pouvoir est

(*a*) C'est une chose bien plaisante d'entend

proportionné à la fin qu'il se propose, il opere aussi-bien dans les mains de ceux qui n'en apperçoivent pas le terme, que dans les mains de ceux qui le voient le mieux ; les ordonnances des uns & des autres, lorsqu'elles sont justes, ne trouveront point d'opposition ; lorsqu'elles sont injustes & mal imaginées, la force les fera passer.

« Il faut que vous mouriez », fut la réponse d'Octave à toutes les instances d'un peuple qui imploroit sa clémence. Ce fut aussi l'arrêt que quelques-uns de ses successeurs porterent contre tout citoyen distingué par sa naissance ou par ses vertus.

---

dre des hommes d'une ambition turbulente, qui voudroient jouer seuls tous les rôles, se plaindre quelquefois de l'esprit réfractaire de l'espece humaine ; comme si la même disposition qui leur fait desirer d'envahir toutes les places, ne devoit pas porter toute autre personne à vouloir raisonner & agir au moins pour son propre compte.

Mais les funestes effets du despotisme se bornent-ils aux pratiques cruelles & sanguinaires, qu'emploie une domination récente pour établir, ou pour maintenir son ascendant sur un peuple turbulent & réfractaire ; & la mort est-elle le plus grand malheur qui puisse affliger l'humanité, sous un établissement qui la dépouille de tous ses droits ? A la vérité, souvent on lui laisse la vie ; mais la défiance, la jalousie, le sentiment de son avilissement personnel, & les anxiétés qui naissent du soin d'un misérable intérêt, voilà ce qui reste à l'ame pour partage ; tout citoyen est réduit à l'état d'esclave ; & tous les charmes par lesquels la communauté tenoit ses membres attachés, ont cessé d'exister. L'obéissance est le seul devoir qui reste, & il est exigé par la force. Si dans un pareil état de choses, il faut être témoin de scenes de bassesse & d'horreur, au risque d'être soi-même infecté de la contagion, la mort devient un réfuge; & la libation que fit Thraſéas avec le ſang qui couloit de ſes arteres ouvertes, doit être regardée comme un véritable ſacrifice de reconnoiſſance à Jupiter libérateur (*a*).

L'oppreſſion & la cruauté ne ſont pas toujours néceſſaires au gouvernement deſpotique ; & même lorſqu'il les exerce, elles ne ſont qu'une portion de ſes effets déplorables. Sa baſe eſt la corruption & l'anéantiſ-

---

(a) *Porrectiſque utriuſque brachii venis, poſtquam cruorem effudit, humum ſuper ſpargens, propiùs vocato queſtore,* libêmus, *inquit,* Jovi liberatori. *Specta, juvenis; & omen quidem Dii prohibeant; cæterùm in ea tempora natus es, quibus firmare animum deceat conſtantibus exemplis.* Tacit. annal. lib. 16. « Après s'être » fait ouvrir les veines des deux bras, il ar» roſa la terre avec le ſang qui en couloit ; » & ayant appellé près de lui le queſteur, » faiſons, lui dit-il, ces libations à Jupiter » libérateur. Regardez, jeune homme ; & faſ» ſent les Dieux que ce ne ſoit point un pré» ſage ; au reſte vous vivez dans des temps » où il eſt à propos d'affermir ſon ame par » le ſpectacle des exemples de fermeté ».

sement de toute vertu civile & politique ; il veut que ses sujets se conduisent par la crainte ; il veut assouvir les passions de quelques hommes aux dépens de l'espece entiere, & prétend établir la paix de la société elle-même, sur les ruines de cette liberté & de cette confiance, qui peuvent seules donner à l'ame ses jouissances, son énergie & son élévation.

Pendant la durée d'une constitution libre, tant que chaque individu resta en possession de son rang & de ses priviléges, ou qu'il eut la connoissance de ses droits personnels, les membres de la communauté furent les uns pour les autres des objets de considération & de respect ; tous les points qui se présentoient à traiter dans la société civile, exigeoient des talens, de la sagesse, l'art de la persuasion, & de la vigueur aussi-bien que l'exercice du pouvoir. Mais le plus grand rafinement d'un gouvernement despotique est de trancher tout par de simples commandemens, & d'exclure tout art, excepté l'art de contraindre. Aussi sous une pareille police voit-on disparoître, par degrés, toutes les occasions qui exerçoient & cultivoient les facultés intellectuelles des hommes, qui développoient leurs sentimens & allumoient leur imagination; & la marche progressive par laquelle l'espece s'éleva au plus haut degré de grandeur que comporte sa nature, en agissant en société dans les termes de la liberté, ne fut ni plus uniforme, ni moins interrompue, que les progrès par lesquels elle dégénere jusqu'à cet état déplorable.

Quand on nous parle du silence qui regne dans le serrail, nous sommes tentés de croire que l'on pourroit se passer de l'usage même du langage, & que les signes des muets seroient suffisans pour transmettre les plus importans decrets du gouvernement. De quel art, en effet, peut-on avoir besoin pour conserver de l'ascendant là où l'on n'oppose que la terreur à la force, où le pouvoir du souverain est délégué, dans toute sa plénitude, à chaque officier subalterne ? & quel rôle pourroit inspirer la noblesse des sentimens sur un théâtre de silence & de consternation, où tous les cœurs sont en proie à la défiance & à la jalousie, & où il ne reste d'autre objet que les plaisirs des sens, pour dédommager le souverain lui-même & ses sujets de leurs peines & de leurs ennuis ?

Dans d'autres états, quelquefois les talens se perfectionnent par les fonctions qui appartiennent aux grandes places : mais il est probable qu'ici le maître lui-même est l'animal le plus grossier & le moins cultivé du troupeau : il est inférieur à l'esclave qu'il tire d'un office servile pour l'élever aux premiers emplois de confiance & de dignité de sa cour. La simplicité primitive qui admettoit les liens de la familiarité & de l'affection entre le souverain & l'intendant de ses troupeaux (*a*), paroît ici rétablie dans l'absence de toute affection; ou plutôt on en retrouve le simulacre au milieu de l'ignorance & de la brutalité qui, dans une cour despotique, caractérisent également les hommes de tous les états, ou plutôt qui mettent tous les rangs au même niveau, & anéantissent toute distinction des personnes.

Le prince a pour regles dans son gouvernement le caprice & la passion. Tout dépositaire de l'autorité a la liberté de se conduire par les mêmes mobiles; de frapper lorsqu'il est irrité, de favoriser lorsqu'il lui plaît. Dans ce qui a rapport aux revenus du prince, à la jurisdiction ou à la police, tout gouverneur de province agit comme un général d'armée en pays ennemi; il marche armé des terreurs du fer & du feu; au lieu d'une taxe, il leve une con-

(*a*) Voyez l'Odyssée.

tribution forcée : il ruine ou épargne selon qu'il convient à ses vues particulieres. Les cris de l'opprimé, ou le bruit des richesses qu'il a entassées aux dépens d'une province, parviennent-ils aux oreilles du souverain? le concussionnaire est, à la vérité, dans la nécessité d'acheter l'impunité en sacrifiant une partie, ou en livrant la totalité de son butin; mais jamais la partie lésée n'obtient de réparation; les prévarications du ministre servent à dépouiller le peuple, & ensuite sa punition sert à remplir les coffres du souverain.

Dans cette cessation totale de tout art qui a rapport à un gouvernement juste & à une police nationale, il est à remarquer que même le métier de soldat est extrêmement négligé. La défiance & la jalousie du prince viennent à l'appui de son ignorance & de son incapacité; & ces causes réunies agissant à la fois, servent à détruire le fondement même sur lequel sa puissance est établie. Un ramas indiſcipliné d'hommes en armes paſſe pour une armée, pendant qu'un peuple foible, diſperſé & déſarmé eſt livré à la licence militaire, ou eſt expoſé ſur la frontiere aux déprédations d'un ennemi, que le deſir du pillage, ou l'eſpérance de conquêtes faciles, a dû attirer dans ſon voiſinage.

Les Romains ne ceſſerent de reculer les limites de leur empire, tant qu'il reſta quelque nation policée à ſubjuguer, & ils ſe donnerent une frontiere environnée de tribus ſauvages, barbares & belliqueuſes ; ils ſe porterent même au-delà de déſerts incultes, afin de tenir à une plus grande diſtance ces voiſins turbulens, qui les moleſtoient par leurs ravages continuels, & afin de ſe rendre maîtres des avenues par leſquelles ils redoutoient leurs incurſions. Mais cette politique mit la derniere main à la corruption intérieure de l'état. Peu d'années de tranquillité ſuffirent pour faire oublier au gouvernement même ses dangers, & pour préparer à l'ennemi, dans le pays cultivé, une proie capable de le tenter & une conquête facile.

Quand, à force de conquêtes & d'acquisitions riches & fertiles, la mesure d'un empire est parvenue à son comble; l'espece humaine n'offre plus que deux divisions, celle du citoyen pacifique & opulent qui habite au centre, & celle du pauvre, & de l'homme avide de rapine, & féroce, qui sont accoutumés au brigandage & à la guerre. La derniere est à l'égard de la premiere à peu près ce que sont le loup & le lion à l'égard d'un parc de moutons; toutes deux se trouvent naturellement dans un état d'hostilité.

D'ailleurs si l'empire despotique continue toujours à être tranquille de la part des ennemis du dehors, tandis qu'il conserve cette corruption sur laquelle il fut fondé, alors il ne paroît pas qu'il puisse y avoir en lui aucun principe d'une vie nouvelle, ni qu'on puisse espérer de voir renaître la liberté & la vigueur politique. Il faut que ce qui fut semé par le maître despotique meure, avant de pouvoir donner la vie ; il faut qu'il tombe dans la langueur & qu'il expire par l'effet même de l'abus qu'on en fait, avant que l'esprit humain puisse reprendre un nouvel essor, & soit capable de produire ces fruits, qui font la gloire & la félicité de la nature humaine. Dans les tems de la plus grande dégradation, des commotions se font sentir, il est vrai ; mais qu'elles sont loin de ressembler aux agitations d'un peuple libre ! ce sont, ou l'agonie de la nature dans les souffrances auxquelles les hommes sont exposés ; ou de simples tumultes qui ne s'étendent pas au-delà du petit nombre de gens armés qui sont autour du prince, & qui, par leurs conspirations, leurs meurtres, leurs assassinats, ne servent qu'à plonger plus avant l'habitant pacifique dans les horreurs de la crainte & du désespoir. Dispersé dans les provinces, sans armes, sans idée d'union & de confédération, restreint par habitude à une misérable économie, traînant une vie précaire sur ces possessions que lui ont laissées les extorsions du gouvernement, le peuple ne peut absolument, dans de pareilles conjonctures, prendre l'esprit de communauté, ni former un plan généreux pour sa défense. La personne lésée se plaindra; & n'obtenant ni justice ni miséricorde de la part du gouvernement, elle implorera la commisération de ses concitoyens. Mais ceux-ci se trouvent trop heureux de ce que la main de l'oppression ne s'est pas portée sur eux: les uns s'occupent de leurs intérêts; les autres saisissent à la dérobée leurs plaisirs, à la faveur de cette espece de sécurité que l'on obtient par le secret & l'obscurité.

Les arts de commerce qui semblent dépendre plutôt de la passion de l'intérêt que de la tournure d'esprit

prit des hommes, & n'avoir besoin d'autre encouragement que de l'espoir du gain & de la possession assurée de la propriété, doivent périr par l'incertitude d'état qui accompagne la servitude, & par la crainte des risques auxquels expose la réputation de richesse. Ainsi l'anéantissement du commerce & la pauvreté nationale sont les moyens par lesquels le despotisme parvient à opérer sa propre destruction. Dès le moment qu'il n'y a plus de profit à corrompre, ni de frayeurs à écarter, le charme de la domination est rompu, & l'esclave dépouillé, comme au sortir d'un songe, est tout étonné de se trouver libre. Lorsque les clôtures sont abattues, les déserts sont ouverts & le troupeau se met en liberté. Les pâturages des plaines cultivées ne sont plus préférés à celles du désert. L'homme poussé par ses souffrances fuit avec ardeur vers les lieux où les exactions du gouvernement ne pourront l'atteindre; où même l'homme timide & l'homme servile peuvent se souvenir qu'ils sont des hommes; où le tyran peut bien menacer, mais où l'on sait qu'il n'est qu'un homme comme un autre; où enfin il ne peut prendre que la vie, encore ne le peut-il qu'en exposant la sienne.

C'est conformément à ces observations que, dans plusieurs parties de l'Orient, les vexations de la tyrannie ont surmonté le penchant qui porte les hommes à se fixer. Les habitans d'un village quittent leurs demeures pour infester les grands chemins; ceux des vallées gagnent les montagnes, &, équippés pour une fuite précipitée, ou chargés d'un ample butin, ils subsistent de leurs déprédations & de la guerre qu'ils font à leurs anciens maîtres.

Ces désordres conspirent avec les impositions du gouvernement à rendre encore moins sûrs le peu d'établissemens qui restent: mais alors que la dévastation & la ruine menacent de tout côté, les hommes sont forcés de recourir de nouveau à ces confédérations, de reprendre cette confiance & cette vigueur personnelles, cet attachement social, cet usage des armes, qui, dans les anciens tems, firent d'une petite tribu la pépiniere d'une grande nation; & qui peuvent encore mettre l'esclave émancipé en état de recommencer la carriere des arts de police & de commerce. Lorsque la nature humaine paroît arrivée au dernier degré de corruption, c'est alors qu'elle touche de plus près au moment de la réforme.

C'est ainsi que l'on a vu plus d'une fois se renouveller la scene de la vie humaine. La sécurité & la présomption laissent se perdre les avantages de la prospérité; la résolution & la bonne conduite réparent les outrages de l'adversité; & l'espece humaine n'est jamais plus propre à obtenir toutes les especes de succès, que quand elle n'a d'autre appui que sa vertu; & jamais elle n'est plus exposée aux revers que quand elle se fie le plus à sa fortune. Nous sommes portés à ériger ces observations en principes; & lorsque nous n'avons plus la volonté d'agir pour notre pays, pour excuser notre foiblesse ou notre imprudence, nous nous en prenons à une prétendue fatalité qui dispose à son gré des affaires humaines.

Il faut en convenir, le sort des établissemens des hommes est d'avoir une fin aussi-bien qu'un commencement: mais il n'y a point de terme précis fixé pour leur durée; & jamais nation n'a éprouvé de décadence intérieure, que ce ne fût par le vice de ses membres. Ce vice, nous voulons bien quelquefois le reconnoître dans nos concitoyens; mais qui est-ce jamais qui consent à le reconnoître en soi-même? On pourroit soupçonner cependant que nous faisons plus que le reconnoître, lorsque nous cessons d'en combattre

les

les effets, & lorsque nous nous excusons sur une fatalité qui, au moins dans le cœur de chaque individu, est dépendante de lui-même. Les hommes d'un courage, d'une intégrité, d'une habileté véritable sont bien placés dans tout état de choses ; dans toutes les situations ils trouvent les principales jouissances de leur nature ; ils sont les heureux instrumens dont la Providence se sert pour le bonheur de l'humanité ; ou, s'il faut parler un autre langage, ils montrent que, tant que le destin leur permet de vivre, le sort des états qu'ils composent est aussi de se maintenir & de prospérer.

FIN.

APPROBATION.

J'AI lu par ordre de Monseigneur le Garde des Sceaux un manuscrit intitulé : *Essai sur l'Histoire de la Société Civile, par Ferguson ; Ouvrage traduit de l'Anglois* ; & n'y ai rien trouvé qui doive en empêcher l'impression. A Paris, ce 15 Janvier 1783. *Signé*, GUIDI.

PRIVILÉGE DU ROI.

LOUIS, par la grace de Dieu, Roi de France & de Navarre, à nos amés & féaux Conseillers, les Gens tenans nos Cours de Parlement, Maîtres des Requêtes ordinaires de notre Hôtel, Grand-Conseil, Prévôt de Paris, Baillifs, Sénéchaux, leurs Lieutenans Civils, & autres nos Justiciers qu'il appartiendra : SALUT. Notre amé le Sieur BERGIER DE SENONGES, Nous a fait exposer qu'il desireroit faire imprimer & donner au Public une Traduction de l'Anglois, d'un Ouvrage intitulé : *Essai sur l'Histoire de la Société Civile* ; s'il nous plaisoit lui accorder nos Lettres de Privilége à ce nécessaires. A CES CAUSES, voulant favorablement traiter l'Exposant, Nous lui avons permis & permettons de faire imprimer ledit Ouvrage autant de fois que bon lui semblera, & de le vendre, faire vendre par tout notre Royaume. Voulons qu'il jouisse de l'effet du présent Privilége, pour lui & ses hoirs à perpétuité, pourvu qu'il ne le rétrocéde à personne ; & si cependant il jugeoit à propos d'en faire une cession, l'Acte qui la contiendra sera enregistré en la Chambre Syndicale de Paris, à peine de nullité, tant du Privilége que de la cession ; & alors par le fait seul de la cession enregistrée, la durée du préſent Privilége ſera réduite à celle de la vie de l'Expoſant, ou à celle de dix années à compter de ce jour, ſi l'Expoſant décède avant l'expiration deſdites dix années. Le tout conformément aux articles IV & V de l'Arrêt du Conſeil du 30 Août 1777, portant Réglement ſur la durée des Priviléges en Librairie. FAISONS défenſes à tous Imprimeurs, Libraires & autres perſonnes, de quelque qualité & condition qu'elles ſoient, d'en introduire d'impreſſion étrangère dans aucun lieu de notre obéiſſance; comme auſſi d'imprimer ou faire imprimer, vendre, faire vendre, débiter ni contrefaire ledit Ouvrage, ſous quelque prétexte que ce puiſſe être, ſans la permiſſion expreſſe & par écrit dudit Expoſant, ou de celui qui le repréſentera, à peine de ſaiſie & de confiſcation des Exemplaires contrefaits, de ſix mille livres d'amende, qui ne pourra être modérée, pour la premiere fois, de pareille amende, & de déchéance d'état en cas de récidive, & de tous dépens, dommages & intérêts, conformément à l'Arrêt du Conſeil du 30 Août 1777, concernant les contrefaçons: A la charge que ces Préſentes ſeront enregiſtrées tout au long ſur le Regiſtre de la Communauté des Imprimeurs & Libraires de Paris, dans trois mois de la date d'icelles; que l'impreſſion dudit Ouvrage ſera faite dans notre Royaume, & non ailleurs, en beau papier & beaux caractères, conformément aux Réglemens de la Librairie, à peine de déchéance du préſent Privilége; qu'avant de l'expoſer en vente, le manuſcrit qui aura ſervi de copie à l'impreſſion dudit Ouvrage, ſera remis dans le même état où l'Approbation y aura été donnée, ès mains de notre très-cher & féal Chevalier, Garde des Sceaux de France, le Sieur HUE DE MIROMÉNIL, Commandeur de nos Ordres; qu'il en ſera enſuite remis deux Exemplaires dans notre Bibliothèque publique, un dans celle de notre Château du Louvre, un dans celle de notre très-cher & féal Chevalier, Chancelier de France, le Sieur DE MAUPEOU, & un dans celle dudit Sieur HUE DE MIROMÉNIL : le tout à peine de nullité des Présentes ; du contenu desquelles vous mandons & enjoignons de faire jouir ledit Exposant & ses hoirs pleinement & paisiblement, sans souffrir qu'il leur soit fait aucun trouble ou empêchement. Voulons que la copie des Présentes, qui sera imprimée tout au long au commencement ou à la fin dudit Ouvrage, soit tenue pour duement signifiée, & qu'aux copies collationnées par l'un de nos amés & féaux Conseillers-Secrétaires, foi soit ajoutée comme à l'original. Commandons au premier notre Huissier ou Sergent sur ce requis, de faire pour l'exécution d'icelles tous Actes requis & nécessaires, sans demander autre permission, & nonobstant clameur de Haro, Charte Normande, & Lettres à ce contraires. Car tel est notre plaisir. Donné à Paris, le vingt-sixième jour de Février, l'an de grace mil sept cent quatre-vingt-trois, & de notre Règne le neuvième. Par le Roi en son Conseil.

Signé, LE BEGUE.

Registré sur le Registre XXI de la Chambre Royale & Syndicale des Libraires & Imprimeurs de Paris, N°. 2825, fol. 885, conformément aux dispositions énoncées dans le présent Privilége ; & à la charge de remettre à ladite Chambre les huit Exemplaires prescrits par l'Article CVIII du Réglement de 1723. A Paris, ce 28 Février 1783. *Signé*, LE CLERC, *Syndic.*

De l'Imprimerie de CHARDON, rue de la Harpe, 1783.

www.ingramcontent.com/pod-product-compliance
Ingram Content Group UK Ltd.
Pitfield, Milton Keynes, MK11 3LW, UK
UKHW020317200726
13857UKWH00001B/190